O capitalismo é moral?

O capitalismo é moral?
Sobre algumas coisas ridículas e as tiranias do nosso tempo
André Comte-Sponville

Tradução
EDUARDO BRANDÃO

SÃO PAULO 2020

Esta obra foi publicada originalmente em francês com o título
LE CAPITALISME EST-IL MORAL?, por Albin Michel, Paris.
Copyright © Éditions Albin Michel, 2004
Copyright © 2005, Livraria Martins Fontes Editora Ltda.,
São Paulo, para a presente edição.

1ª edição 2005
2ª edição 2011
3ª tiragem 2020

Tradução
EDUARDO BRANDÃO

Acompanhamento editorial
Luzia Aparecida dos Santos
Revisões
Ana Maria de O. M. Barbosa
Mauro de Barros
Dinarte Zorzanelli da Silva
Produção gráfica
Geraldo Alves
Paginação
Moacir Katsumi Matsusaki

Dados Internacionais de Catalogação na Publicação (CIP)
(Câmara Brasileira do Livro, SP, Brasil)

Comte-Sponville, André
   O capitalismo é moral? : sobre algumas coisas ridículas e as tiranias do nosso tempo / André Comte-Sponville ; tradução Eduardo Brandão. – 2ª ed. – São Paulo : Editora WMF Martins Fontes, 2011.

   Título original: Le capitalisme est-il moral?
   ISBN 978-85-7827-355-2

   1. Capitalismo – Aspectos morais e éticos I. Título.

10-13507   CDD-330.12201

Índices para catálogo sistemático:
1. Capitalismo : Aspectos morais e éticos   330.12201

Todos os direitos desta edição reservados à
Editora WMF Martins Fontes Ltda.
Rua Prof. Laerte Ramos de Carvalho, 133 01325-030 São Paulo SP Brasil
Tel. (11) 3293-8150 e-mail: info@wmfmartinsfontes.com.br
http://www.wmfmartinsfontes.com.br

Índice

Preâmbulo 11

O CAPITALISMO É MORAL?

Introdução 15
- I. O retorno da moral 19
  1. Duas gerações, dois erros 19
  2. O "triunfo" do capitalismo 32
  3. A "morte de Deus" 35
  4. A moda da "ética empresarial" 41
- II. O problema dos limites e da distinção das ordens... 49
  1. A ordem tecnocientífica 49
  2. A ordem jurídico-política 53
  3. A ordem da moral 59
  4. A ordem ética 66
- III. O capitalismo é moral? 71
  1. Moral e economia 71
  2. O erro de Marx 79
  3. O bezerro de ouro 82
- IV. A confusão das ordens: ridículo e tirania, angelismo ou barbárie... 89
  1. Ridículo e tirania segundo Pascal 89

2. A tirania do inferior: a barbárie 95
   Barbárie tecnocrática ou liberal 95
   Barbárie política.. 99
   Barbárie moralizadora 104
   Uma barbárie ética? 105
3. A tirania do superior: o angelismo 106
   O angelismo político ou jurídico 106
   O angelismo moral 109
   O angelismo ético 110
   O angelismo religioso 110
4. Responsabilidade e solidariedade 113
   A responsabilidade 114
   Comércio e "respeito ao cliente" 116
   Generosidade ou solidariedade? 118
   Liberalismo ou ultraliberalismo? 127

Conclusão... 131

PERGUNTAS A ANDRÉ COMTE-SPONVILLE

Criar empregos é moral?.. 143
Criar lucro ou criar riqueza?..................................... 145
O socialismo é moral?.. 146
A igualdade 147
De esquerda ou de direita? 150
Angelismo de esquerda, barbárie de direita 154
Moral e política 158
A responsabilidade dos patrões................................. 159
Valores comuns e "cartas éticas" 161
A empresa: uma "pessoa moral"?............................... 164
A "empresa cidadã".. 165
O amor à empresa 168
Moral ou sociologia?... 169
As 35 horas 172

O "valor do trabalho" 176
Trabalho e dignidade 178
A mundialização 179
A hegemonia americana 185
Esquizofrenia ou interfaces? 188
Uma análise universal ou particular? 193
O lugar da moral na empresa 195
Um capitalismo sem proprietários? 202
Finalidade do patrão, finalidade da empresa 206
Assumir risco 207
A Bolsa 208
Os fundos de pensão 209
Fim da história? 209
Moral e ética 211
O amor é Deus? 214
A questão do sentido 214
O Estado-providência 218
À guisa de conclusão: o trágico e a política 221

Agradecimentos 223

*A Monique Canto-Sperber
e Jean-Pierre Dupuy*

Preâmbulo

Fala-se muito de complexidade, com toda razão: é uma das características da nossa modernidade, tanto intelectual (as teorias da complexidade) como econômica (a globalização) ou politicamente (a mundialização). Não é um motivo para cair na confusão. Ao contrário: onde cresce a complexidade, crescem também as exigências de clareza e distinção. É o que justifica a presente obra. Ela gostaria de ajudar cada um a enxergar melhor o problema, a tomar suas decisões, enfim, a assumir suas responsabilidades – profissionais, morais, políticas – diante dos diferentes desafios que o mundo, hoje, nos impõe. Portanto ela está voltada sobretudo para o futuro. Mas também tem uma história. É oriunda de numerosas conferências que pronunciei, muitas vezes com este mesmo título, para públicos bem diferentes: estudantes e professores de escolas de comércio ou de gestão (em Nantes, Reims, Le Havre, Orléans…), membros de certo número de associações (especialmente a Associação para o Progresso da Gestão) ou funcionários de algumas empresas. Várias vezes me pediram o texto. Aqui vai, mas revisto, como convém, e sensivelmente aumentado. Mesmo assim, o resultado é bem próximo da oralidade, com os limites, mas talvez também com certas qualidades que isso supõe. "O mais proveitoso e natural exercício do nosso espírito é, a meu ver, a conferência", dizia Montaigne[1]. A palavra "conferência", no século XVI, significava não tanto palestra quanto conversa ou discussão. O que não me desencorajou de levar a sério esse exercício. Aliás, a discussão não está ausente delas: como se verá na segunda parte do livro, em que reproduzo algumas discussões que efetivamente ocorreram durante esses encontros.

Tal como é, ou seja, imperfeito, este livro gostaria de dar uma contribuição, modesta embora, aos debates do momento. No difícil período que atravessamos, parece-me uma justificativa suficiente.

---

1. *Essais*, III, 8 ("De l'art de conférer"), p. 922 da ed. Villey-Saulnier, PUF, 1978. [Trad. bras. *Os ensaios*, Livro III, São Paulo, Martins Fontes, 2001.]

O CAPITALISMO É MORAL?

Sobre algumas coisas ridículas
e as tiranias do nosso tempo

"Sem dúvida a igualdade dos bens é justa, mas..."
BLAISE PASCAL (*Pensamentos*, 81-299)

Em torno da questão que serve de título para esta conferência – "O capitalismo é moral?" –, gostaria de propor certo número de reflexões sobre as relações entre a moral e a economia.

Não preciso de longas preliminares para justificar a escolha desse tema.

Primeiro porque a questão moral ("Que devo fazer?") se coloca para todos, qualquer que seja sua profissão e quer seja acionista ou empresário. O mesmo vale, é claro, para o que poderíamos chamar de questão econômica ("Que posso possuir?"). O mais rico e o mais pobre de nós não escapa nem da moral nem do capitalismo. Trabalhar, poupar, consumir, e não há como não fazê-lo, é participar do sistema, queira-se ou não; isso justifica o fato de nos interrogarmos sobre a moralidade deste.

Depois, porque essa questão moral, que pode referir-se a domínios bem diferentes, se coloca sem dúvida com uma acuidade particular em sua relação com a economia, especialmente no mundo da empresa, no mundo dos *ne-*

gócios, como se diz, inclusive com o temível duplo sentido que a palavra "negócios" adquiriu no último período. O bem (no sentido moral do termo) e os bens (no sentido econômico) nem sempre se dão bem. Mais uma razão para refletir sobre o assunto.

Enfim, terceira e derradeira observação preliminar, esta questão moral vem, há vários anos, aumentando sua atualidade. Em parte em razão dos *negócios* que acabo de evocar, mas também, de uma forma mais geral, por corresponder à evolução das mentalidades, ao que poderíamos chamar de ar do tempo, ou mesmo ao espírito de uma geração. Fala-se muito na imprensa, e faz muitos anos, de um retorno da moral. Lembro-me de um artigo de Laurent Joffrin, publicado no jornal *Libération*, se minhas lembranças são exatas, que chegava a forjar o conceito de "geração moral" para descrever os jovens de hoje, digamos os dos anos 1980-2000, à diferença ou em oposição à geração imediatamente precedente, a dos anos 60-70. Aliás, eu havia evocado o tema, nesse mesmo jornal, já em 1986: parecia-me que o movimento secundarista e universitário daquele outono (contra a lei Devaquet) era movido por uma inspiração muito diferente da que nos havia feito sair às ruas, de maneira mais espetacular mas, talvez, também mais ingênua, uns dezoito anos antes. A utopia, em nosso caso, fazia as vezes da moral; a moral, no caso deles, tendia a substituir a utopia[1]. Não me dei logo conta de que ela também ameaçava substituir a política e que havia aí um perigo considerável. Voltarei a esse ponto num instante. Digamos simplesmente que a moral se instalou, no correr dos anos 80, no centro dos debates. Aliás, o sucesso, em meados dos anos 90, do meu *Pequeno tratado das grandes virtudes*, no que ele tinha de inusitado, também deve algo,

---

1. "La morale sans l'utopie", *Libération*, 9 de dezembro de 1986, p. 12.

digamos de passagem, à época: tamanho sucesso, quaisquer que sejam as eventuais qualidades do livro, sempre supõe um encontro, imprevisível certamente, mas não totalmente contingente, entre um autor e o público.

Em suma, a moral, desde os anos 80, tornou-se uma questão de atualidade. Ela se tornou, curiosamente, um tema na moda. Só que, como quase sempre, quando a moda se mete, isso acarreta certo número de confusões. É contra esse risco de confusão que meu intuito pretende ser, antes de mais nada e acima de tudo, de esclarecimento.

Para tanto, procederei em quatro tempos.

Num primeiro tempo, procurarei compreender *por que esse retorno à moral*; e proporei três explicações diferentes, complementares, pertencentes aqui a três escalas diferentes, ao que um historiador chamaria de três *durações* diferentes.

Num segundo tempo, tratarei do que chamo de *o problema dos limites e da distinção das ordens* ("ordem" no sentido pascaliano do termo, como sinônimo de "domínio" ou de "nível").

Isso me levará à minha terceira parte, em que procurarei responder à minha questão-título: "O capitalismo é moral?"

Enfim, num quarto tempo, intervirei *contra a confusão das ordens*, em torno das noções pascalianas de *ridículo* e de *tirania*.

I
O retorno da moral

Compreendamos primeiro de que se trata. Quando falo de um "retorno da moral" ou quando se fala disso na mídia, não quer dizer que as pessoas seriam hoje mais virtuosas do que eram seus pais ou avós. É um retorno da moral essencialmente *no discurso*. Não é que as pessoas sejam, de fato, mais virtuosas; é que, de moral, elas *falam* mais – e podemos emitir pelo menos a hipótese de que falam tanto mais quanto mais, a bem dizer, falta moral na realidade dos comportamentos humanos... É possível. Em todo caso, falam de moral. E esse retorno da moral na primeira linha dos discursos e das preocupações já é um fenômeno de sociedade que merece ser levado em conta.

Por que esse retorno da moral? Eu anunciava três explicações complementares, pertencentes a três durações diferentes... A primeira explicação que eu gostaria de lhes submeter pertence ao que um historiador chamaria de "breve duração": vinte anos, trinta anos, o espaço de uma geração.

1. DUAS GERAÇÕES, DOIS ERROS

De fato, parece-me que esse retorno da moral será percebido com particular nitidez se tomarmos certo recuo, especificamente se compararmos os jovens de hoje, os que têm uns vinte anos nestes anos de 1990-2000, com os jovens que éramos, muitos de nós, trinta ou trinta e cinco anos atrás, digamos, para dar uma data de referência, os que tinham uns vinte anos por volta de 1986. É o que se chamou de "geração 68". Faço parte dela; e se isso não me dá nem orgulho nem vergonha, guardo desse pertencimento algumas das minhas mais belas lembranças. Mas, afinal, a saudade, quando existe, não pode fazer as vezes da reflexão.

Há trinta, trinta e cinco anos, lembrem-se os que viveram essa época, com a moral nós geralmente nos preocupávamos muito pouco. A moda, naqueles anos, era muito mais o *imoralismo*, a libertação geral e irrestrita. Os mais filosóficos dentre nós reivindicavam Nietzsche: queríamos viver *além do bem e do mal*. Quanto aos que não eram filosóficos, contentavam-se com pichar os muros da faculdade – ou com ler, e quase sempre aprovando – os belos lemas de então. Vocês se lembram? "É proibido proibir" ou "Vivamos sem tempos mortos, fruamos sem limites".

Como era lindo, e que bom seria se fosse possível! Foram necessários uns vinte anos para compreender que não era. Muitos poderão se espantar por termos necessitado de tanto tempo (se bem que alguns tenham levado menos tempo que outros) e até que tenhamos podido acreditar, nem que por uma só primavera e com a desculpa da juventude, que era possível libertar-se a tal ponto de qualquer preocupação propriamente moral. Mas o que explica essa crença ou essa ilusão é que reinava naqueles anos, especificamente na juventude estudantil, uma ideologia particular, que eu chamaria de *ideologia do tudo política*. Isso não valia apenas para os militantes. Estes davam o tom, muito além do seu pequeno círculo, a toda uma geração. O apoliticismo, então, era quase inimaginável. O engajamento, quase uma evidência. Naqueles anos de 60-70, tudo era política, como dizíamos, e não só tudo era política (o que no fundo era verdade e continua sendo), como a política era tudo – o que é bem diferente (continuo acreditando que tudo é política, mas não creio mais que a política seja tudo). Na época, porém, era assim que víamos as coisas: tudo era política, a política era tudo, a tal ponto que uma boa política nos parecia ser a única moral necessária. Uma ação nos parecia moralmente válida se fosse, como dizíamos, politicamente justa. Moral de militante, cheia de boa consciência e de entusiasmo. Mas será que ainda era uma moral?

Vejo meu melhor amigo daqueles anos, do curso preparatório para a École Normale Supérieure, me dizendo, com o olhar límpido: "Meu chapa, não tenho moral!" A estima que eu tinha por ele cresceu subitamente ouvindo isso... Era um rapaz encantador, e continua sendo. Não faria mal a uma mosca (a não ser, talvez, a uma mosca de extrema direita). Mas a moral lhe parecia uma ilusão inútil e nefasta. Ele era ao mesmo tempo nietzschiano e marxista, como muitos de nós. Essa mistura duplamente contrária à natureza (um Nietzsche de esquerda! um Marx imoralista!) nos dispensava de nos interrogar demais. A moral? Ideologia servil e judaico-cristã. O dever? Idealismo pequeno-burguês. Disparávamos flechas incendiárias contra o estado-maior da consciência. Abaixo a *moralina*, como dizia Nietzsche, viva a Revolução e a liberdade! Ingenuidade dos jovens... Cumpre dizer que os mais velhos, aqueles que admirávamos, não faziam muito esforço naqueles anos para nos desenganar. O próprio Sartre havia renunciado a fazer uma moral. Quanto a Althusser ou Foucault, que eram mais importantes para nós, na época a simples palavra os teria feito sorrir. Deleuze celebrava Espinosa? Sim, e com que talento! Mas era para saudar nele, antes de mais nada, o "imoralista"[2]... Era o ar do tempo, generoso e paradoxal: a moral – repressiva, castradora, culpabilizadora – parecia-nos imoral. Não precisávamos dela. A política a substituía e bastava para tudo.

Vinte anos depois, trinta anos depois, a mudança de cenário é espetacular. A política não interessa mais a muita gente, muito menos aos jovens. Quando ainda falam de política, na maioria das vezes é para debochar dela – porque agora só a percebem sob o ridículo aspecto que lhe dão os humoristas da tevê. Enquanto esses mesmos jovens que abandonaram em massa o terreno político empreendem um notável retorno a certo número de preocupações morais, muitas vezes rebatizadas, é claro (porque a palavra "moral" soa meio antiquada: os jovens preferem falar de direitos humanos, humanitarismo, solidariedade...), mas nem por isso deixam de ser morais.

Alguns exemplos, para tornar essa "geração moral" mais concreta.

Em nosso país, fazem-se regularmente pesquisas em que se pergunta aos jovens qual a personalidade que mais apreciam... Se fizessem esse gênero de pesquisa uns trinta anos atrás, as respostas dos jovens certamente teriam se dividido entre dois grupos opostos: de um lado, os que teriam escolhido, digamos, Che Guevara (cujo belo rosto decorava tantos quartos de estudantes) e, de outro lado, os que teriam escolhido o general De Gaulle. Ou seja, as res-

---

2. Gilles Deleuze, *Spinoza, Philosophie pratique*, II, 2, "Dévalorisarion de toutes les valeurs et surtout du bien et du mal (ao profit du 'bon' et du 'mauvais'): Spinoza l'immoraliste" (PUF, 1970, p. 27; reed. aumentada, Éditions de Minuit, 1981, p. 33). Esse livrinho é uma obra-prima. Mas a leitura de Deleuze, sempre brilhante e sugestiva, tende e fazer de Espinosa uma espécie de nietzschiano antes da hora, o que não é fiel nem à letra nem ao espírito do espinosismo. Tive a oportunidade de me explicar a esse respeito, por exemplo, no verbete que escrevi para o *Dictionnaire d'éthique et de philosophie morale*, organizado por Monique Canto-Sperber, PUF, 1996.

postas da juventude, nos anos 60-70, teriam se dividido entre duas personalidades contrastantes, mas ambas políticos (e contrastantes por isso mesmo: a política é, por definição, conflitual). Durante todos os anos 80-90, e ainda hoje, ou muito me engano, a personalidade que está em primeiro lugar no coração dos jovens é... o Abade Pierre. E não o Abade Pierre como sacerdote católico, como personalidade religiosa, mas o Abade Pierre como defensor dos pobres, dos excluídos, como personalidade humanitária ou moral. Os tempos mudam... Passou-se, em vinte anos, do conflito ao consenso, da política à moral – de Che Guevara ou do general De Gaulle ao Abade Pierre. Por mais respeito que eu tenha por cada um desses três personagens, o caminho percorrido não deixa de ser considerável.

Outros exemplos, se me permitem, sempre para tornar essa "geração moral" mais concreta.

Contra a miséria, o quê? Trinta anos atrás, uns teriam respondido: a Revolução; outros: o crescimento, o progresso, a participação, sei lá o que mais. A resposta de muitos jovens, dos anos 80 para cá, e com eles de toda uma parcela da nossa sociedade, é bem diferente. Contra a miséria, o quê? Os Restaurantes do Coração*.

Em matéria de política externa, contra a guerra, por exemplo, o quê? Resposta: a ação humanitária, os Médicos sem Fronteiras, etc.

Para solucionar os problemas da imigração e da integração dos imigrantes, o quê? SOS Racismo.

Toda vez, ou quase, diante de problemas que são coletivos, sociais, conflituais – logo, políticos –, a tendência é, nas duas últimas décadas, dar apenas respostas individuais, morais, para não dizer às vezes sentimentais, claro

---

* Organização fundada em 1985 pelo humorista Coluche, para dar alimento gratuito aos pobres e excluídos. (N. do T.)

que perfeitamente respeitáveis em sua ordem (é claro que não tenho nada contra os Restaurantes do Coração, os Médicos sem Fronteiras ou SOS Racismo), mas, como é óbvio, igualmente incapazes de resolver e, no fundo, até de colocar esses problemas sociais, conflituais, políticos com que nos confrontamos.

Eu dizia que vinte anos atrás a política era tudo e que uma boa política nos parecia a única moral necessária. Para muitos jovens de hoje a moral é que é tudo; e uma boa moral lhes parece uma política amplamente suficiente.

Duas gerações, dois erros.

Era evidentemente um erro acreditar, há trinta ou trinta e cinco anos, que a política podia fazer as vezes de moral. Mas é outro erro, hoje, acreditar ou deixar acreditar que a moral – mesmo se rebatizada de "direitos humanos" ou de "humanitarismo" – poderia substituir a política.

Se vocês contam com os Restaurantes do Coração para reduzir a miséria, o desemprego, a exclusão, parece-me evidente que estão se iludindo.

Se vocês contam com o humanitarismo para substituir a política externa, com o anti-racismo para substituir a política de imigração, parece-me não menos claro que estão se iludindo.

A moral e a política são duas coisas diferentes, ambas necessárias, mas que não podem ser confundidas sem comprometer o que cada uma delas tem de essencial. Necessitamos das duas, e da diferença entre as duas! Necessitamos de uma moral que não se reduza a uma política, mas necessitamos também de uma política que não se reduza a uma moral.

Tanto assim que essa primeira explicação que eu queria propor para esclarecer esse retorno da moral pode ser empiricamente descrita, de fora, como a passagem de uma geração a outra, digamos da geração do tudo política (a geração 68) à geração do tudo moral (a "geração moral", que também é, e isso é uma espécie de paradoxo, a "geração Mitterrand"); mas, quanto ao fundo, é principalmente o sinal de uma crise considerável da política. É na medida em que os jovens de hoje têm cada vez menos a sensação de poder influir coletivamente sobre seu destino comum – o que é a verdadeira função da política – que eles tendem a encerrar-se no terreno dos valores morais. Por isso essa primeira explicação me parece fundamentalmente ambivalente. Porque, de um lado, não podemos deixar de nos felicitar com o fato de que os jovens empreendam uma espécie de retorno a uma forma de exigência moral ou humanista; mas, de outro, que o façam em tamanho detrimento de toda e qualquer ação propriamente política é algo que não pode deixar de nos preocupar. O elo mais fraco, hoje, no corpo social francês, não é a moral, como alguns acreditam; é a política. Os bons sentimentos fazem sucesso; mas as taxas de abstenção e de votos extremistas, em nossas diversas eleições, não param de crescer (lembremos que chegaram respectivamente a 40% e 35% no primeiro turno da eleição presidencial, em 21 de abril de 2002). Nossa democracia vai mal; e isso é, para toda a nossa sociedade, um sintoma inquietante.

Nenhuma geração é imortal. Parece-me que esta "geração moral" está chegando por sua vez ao fim. O que me leva a pensar assim? Não, é claro, uma volta maciça ao engajamento político! Daria até para esperar que isso acontecesse, a certa altura, entre os dois turnos da última eleição presidencial, quando centenas de milhares de jovens saíram às ruas... Mas saíram contra Le Pen, contra o racismo, contra a xenofobia: era um combate, no fundo, menos político do que moral. Isso não o condena, muito pelo contrário. Mas forçoso é constatar que os jovens do nosso país, reeleito Chirac, caíram de novo em seu apoliticismo humanista e bem-pensante (o que alguns costumam chamar de "direitos-do-homismo"). Quanto ao recente movimento contra a reforma da aposentadoria e a descentralização, além de não interessar diretamente aos jovens, é o mínimo que se pode dizer, tem muito mais a ver com a defesa dos benefícios adquiridos, e até do corporativismo, do que com um combate propriamente político. Aliás, não é por acaso que os partidos políticos costumam ser vaiados nessas passeatas...

Os que se mobilizam faz alguns anos contra a mundialização (ou por outra mundialização) vão mais longe: eles travam, sim, um combate político. Mas, à parte serem muito minoritários, inclusive na juventude, cumpre constatar que seu movimento, muitas vezes de inspiração moral ou humanitária, tem certa dificuldade para encontrar um arremate político ou programático com um mínimo de clareza... Qualquer que seja a opinião que se tenha sobre José Bové, é difícil compará-lo com o Che ou com o general De Gaulle.

O que me faz pensar que essa geração moral chega ao fim da sua trajetória é outra coisa. O quê? Os próprios exemplos que acabo de dar como ilustração. O Abade Pierre, os Restaurantes do Coração, os Médicos sem Fronteiras, SOS Racismo... Cada uma dessas quatro instituições continua existindo hoje, e ainda bem que existem, mas parece-me que nenhuma das quatro tem mais a espécie de aura imaculada, nem suscita a espécie de entusiasmo unânime que tinha ou suscitava dez ou quinze anos atrás. Lembrem-se: a grande época recente do Abade Pierre (deixando de lado, portanto, os anos 50), foi muito mais o fim dos anos 80, o início dos anos 90, do que hoje. Ou seja, meus exemplos envelheceram. Mas creiam que não foi porque, por preguiça ou por rotina, deixei de atualizá-los. É que não encontrei outros, neste último período, que fossem tão maciços, tão duradouros e que vão na mesma direção. Donde a hipótese que eu emitia há pouco, de que essa geração moral talvez esteja chegando ao fim. Resta saber o que pode suceder a ela.

Não sou profeta. Tudo o que posso fazer é observar o que já aconteceu e procurar, evidentemente, prolongar a linha. Procuremos encontrar, no último período, pelo menos um fenômeno que tenha envolvido maciçamente a juventude e que seja, ao mesmo tempo, rico de sentido. (Eu disse "que seja, ao mesmo tempo, rico de sentido", porque senão vocês pensariam nas recentes copas do mundo de futebol ou no sucesso deste ou daquele programa de *reality show*, cujo sucesso maciço é inconteste, mas cujo conteúdo de sentido, se não é totalmente nulo, admito, vocês hão de convir que é um tanto ou quanto limitado…) Se busco, pois, no último período um fenômeno que tenha envolvido maciçamente os jovens e que seja, ao mesmo tempo, rico de sentido, há um que se impõe a mim antes de todos os outros e que me impressiona tanto mais quanto teria sido, para mim, inimaginável trinta anos atrás: é o surpreendente e considerável sucesso das JMJ (Jornadas Mundiais da Juventude), em torno de João Paulo II, quando vimos, seis anos atrás, mais de um milhão de jovens em Paris (ou seja, salvo erro de minha parte, a maior reunião de jovens em nosso país desde 1968), dois milhões em Roma, três anos depois, e, é verdade, somente quatrocentos mil em Toronto no ano passado (mas numa terra protestante), em torno de um papa talentoso, carismático, midiático, mas também envelhecido, há que reconhecer, e de quem o mínimo que se pode dizer é que seu discurso dirigido à juventude não tem um pingo de demagogia.

Lembro-me de um artigo publicado em *Le Monde*, oito dias antes das JMJ de Paris, que evocava a inquietação do episcopado com o "previsível fracasso" daquela jornada.

Em vez de previsível fracasso, teve-se um sucesso totalmente imprevisível e retumbante.

Eu estava em Paris naqueles dias... Não foi apenas o número que me impressionou, mas a atmosfera, mas a alegria, mas a serenidade, como uma "força tranqüila" de um novo gênero...

Enfim, minha hipótese é de que, depois da geração do tudo política (a geração 68), depois da geração do tudo moral ou do tudo humanitário (a "geração moral"), talvez esteja se procurando algo que poderíamos designar como uma "geração espiritual", digamos uma geração que faz da questão espiritual, que podíamos imaginar obsoleta há décadas, novamente *a sua* questão.

O que é a questão espiritual?

Esquematizando ao extremo, a questão política é a questão do justo e do injusto. A questão moral é a questão do bem e do mal, do humano e do inumano. A questão espiritual é a questão do *sentido*, como se diz hoje em dia, logo é também a questão do sem-sentido. E parece-me que essa é a questão que, de uns anos para cá, tende a voltar ao primeiro plano, na cabeça ou no coração dos nossos jovens, quero dizer de todos os que (mas muitas vezes são os mesmos) pensam em outra coisa que no futebol ou nos *reality shows*...

Não passa de uma hipótese, insisto. Mas, procurando confirmá-la, citemos outros exemplos.

Depois do Abade Pierre, quem? Só vejo uma pessoa que tenha hoje, no coração dos jovens e dos menos jovens, a espécie de aura que tinha o Abade Pierre há dez ou quinze anos: o dalai-lama. Ora o que me chama a atenção, nessa evolução, é que o Abade Pierre, como eu dizia há pouco, era certamente muito popular, mas muito menos como sacerdote católico do que como defensor dos pobres e dos excluídos: não como personalidade espiritual, mas como personalidade moral. O dalai-lama é exatamente o contrário: é muito menos popular como defensor dos direitos do Tibete (como personalidade humanitária) do que como o mestre espiritual que de fato é. De modo que passar do Abade Pierre ao dalai-lama não é apenas passar de um santo homem a outro. É passar de uma *questão* a outra: é passar de uma questão essencialmente moral ("O que você faz pelos mais pobres?") a uma questão essencialmente espiritual ("Qual o sentido da sua vida?"). Que essas duas questões podem estar ligadas, é evidente; mas nem por isso deixam de ser diferentes.

Outro exemplo: qual é o sucesso literário mais surpreendente na França, no fim dos anos 90? Um autor desconhecido, vindo de um país do terceiro mundo, um livro com título esotérico, sem uma página de sexo, sem uma linha de violência... E esse livro ficou em primeiro lugar na lista dos mais vendidos, de todas as categorias, por mais de um ano! Ora, quem leu *O alquimista*, de Paulo Coelho, sabe de que se trata: é nada mais que o relato de uma busca espiritual. Se o livro tivesse saído dez anos antes, na certa teria passado despercebido. Daqui a vinte anos talvez esteja esquecido. Mas chegou no momento certo, e foi este sucesso considerável e, até, se o confrontarmos com a qualidade do livro, meio desproporcional. Mas aí é que está: o fato de se tratar de um livro mediano (não a obra-prima que alguns consideraram, mas tampouco o livro absolutamente nulo que vários intelectuais parisienses, sempre irritados com o sucesso dos outros, se apressaram a denunciar), isso indica que se trata muito mais de um fenômeno de sociedade do que de um fenômeno literário, e que seria um equívoco, pelo menos desse ponto de vista, subestimá-lo.

Outro exemplo, que também tiro da vida literária: o espantoso sucesso, embora muito menor quanto à tiragem, de uma verdadeira obra-prima – *O menor de todos*, de Christian Bobin. Quem teria imaginado que, nos anos 60 ou 70, um livro consagrado a São Francisco de Assis venderia na França – com pouca divulgação na imprensa e quase nenhuma na televisão – duzentos mil exemplares?

Enfim, único exemplo, ou última anedota, esta afirmação de Michel Serres, que faz referência à sua experiência de professor: "Há trinta anos, quando eu queria interessar meus alunos, eu lhes falava de política; quando queria fazê-los rir, falava de religião. Hoje, é o contrário: quando quero interessá-los, falo de religião; quando quero fazê-los rir, falo de política..." É muito mais que um gracejo. O amigo que me trouxe esse exemplo pensava – como eu e como todos os colegas com quem falei sobre ele – que havia uma boa dose de verdade nele.

Entendam bem. Não estou dizendo que a questão espiritual é a única, nem mesmo a principal, a interessar aos jovens do nosso país. O esporte e a música, como eu evocava há pouco, sem dúvida os apaixonam mais ainda. E, em se tratando dos sucessos literários, os mais recentes, de Michel Houellebecq ou de Catherine Millet, devem mais ao sexo, ao que tudo indica, do que a seu conteúdo espiritual (que não é nulo entretanto, sobretudo no caso de Houellebecq: pintar o niilismo, quando se faz isso com talento e verdade, é outra maneira de colocar, mesmo se em negativo, a questão do sentido da vida). Mas, enfim, tudo indica que não foi apenas a questão política que saiu do primeiro plano (na França desde o início dos anos 80: a coisa se deu entre 1981, a eleição de François Mitterrand, e 1983, a guinada do rigor*), mas também a questão moral ou hu-

---

* *Le tournant de la rigueur*, como foi denominada a adoção, pelos socialistas no poder, de reformas e medidas de austeridade de cunho neoliberal, tendo em vista a construção da União Européia. (N. do T.)

manitária (no fim dos anos 90), e que a questão espiritual, em contrapartida, é hoje muito mais atual do que havia sido durante várias décadas.

Isso não acontece, como sempre se dá com todas as modas, sem certo risco de confusão. Do mesmo modo que era absurdo, nos anos 60 ou 70, querer resolver todos os problemas (inclusive individuais ou existenciais) com a política, do mesmo modo que era absurdo, nos anos 80 ou 90, querer resolver todos os problemas (inclusive sociais e políticos) com a moral ou o humanitarismo, seria evidentemente um absurdo querer, hoje, resolver todos os problemas (inclusive morais ou econômicos) com grandes invocações à vida espiritual. Lembro-me de um debate na televisão, há alguns anos, com um monge budista. "Não se pode transformar a sociedade", ele me dizia, "se antes não nos transformamos a nós mesmos." A fórmula, que parece cheia de bom senso, soa-me perniciosa. Se os indivíduos esperarem ser justos para lutar pela justiça, nunca haverá justiça. Se esperarem ser pacificados para lutar pela paz, nunca haverá paz. Se esperarem ser livres (interiormente) para lutar pela liberdade, nunca haverá liberdade. Seria como esperar o paraíso para combater os males deste mundo... Toda a história prova, ao contrário, que a transformação da sociedade é uma tarefa largamente independente da espiritualidade ou do trabalho sobre si. Vejam a Revolução Francesa ou a Frente Popular. Cumpre dizer que o inverso também é verdade: transformar a sociedade nunca bastou para transformar a si mesmo. Assim como a política não substitui a sabedoria (ao contrário do que muita gente pensava trinta anos atrás), assim também a sabedoria não substitui a política (ao contrário do que alguns acreditam hoje em dia). Toda moda é ridícula. Toda monomania é perigosa. Mas, enfim, passar de uma moda a outra, como estamos fazendo, não é tampouco um fenômeno sem alcance nem significado.

De resto, essa "geração espiritual" que está se procurando, mesmo que acabe se encontrando, não suprime evidentemente a pertinência da questão moral, nem seria capaz de nos livrar dela. A passagem de uma geração a outra, e de um erro a outro, não explica tudo. Mesmo que essa passagem já tivesse ficado para trás, restam duas outras explicações, talvez mais importantes, em todo caso mais duradouras, que é preciso evocar agora.

2. O "TRIUNFO" DO CAPITALISMO

A segunda explicação que eu gostaria de propor para esclarecer esse retorno da moral, pertence ao que um historiador chamaria de "média duração".

É um processo que se estendeu durante todo o século XX – se bem que o que mais me interessa, aqui, é o fim desse processo, fim que é muito mais recente, pois penso no desmoronamento do bloco soviético, no final dos anos 80 (mas que vinha encerrar, pelo menos provisoriamente, um processo iniciado muito antes, digamos, para dar uma data de referência, em 1917). É o que se chamou de *triunfo do capitalismo*. A expressão me deixa um tanto perplexo. Não que eu conteste no que quer que seja esse desmoronamento do outro sistema. Mas, quando dois sistemas estão em concorrência um com o outro, nada prova que o desmoronamento de um seja o triunfo do outro. Os dois poderiam ruir: a coisa não é nem logicamente, nem historicamente inconcebível. Não é mais que uma analogia, capenga como todas elas são, mas recordarei ainda assim que o fracasso de Espartaco não bastou para salvar o Império Romano...

Em compensação, o que é claro é que o outro sistema, digamos o bloco soviético, foi abaixo.

O que isso tem a ver com o retorno da moral? O seguinte: todo adversário faz escada para o outro. Durante os anos de guerra fria e, depois, de coexistência pacífica, o capitalismo, o Ocidente liberal, o *mundo livre*, como se dizia, podia sentir-se suficientemente justificado, de um ponto de vista moral, por sua oposição ao sistema comunista. Para todos aqueles (que simpatizavam mais com o lado do general De Gaulle do que com o de Che Guevara, e que eram maioria em nossos países) a cujos olhos o comunismo, o coletivismo, o totalitarismo eram o mal absoluto, a conclusão se impunha: o capitalismo achava-se moralmente justificado por sua oposição a esse mal absoluto. Era uma justificativa nada mais que negativa – por diferença, por seu outro –, mas era uma justificativa. Como o Ocidente era lindo na época do Brejnev! Mas agora não tem mais Brejnev para valorizar, por contraste, a radiosa juventude e o esplendor da nossa civilização...

Vocês pensarão, talvez: "Não tem mais Brejnev, mas tem Bin Laden." Verdade. Mas, precisamente, não é a mesma coisa! Primeiro – não é um detalhe sem importância – porque o *look* e o carisma dos dois personagens não são idênticos. Não imagino que nenhum jovem comunista, na França, mesmo dentre os mais dogmáticos, um dia tenha colado a foto de Brejnev na parede do quarto: teria visto na foto, e com ele todos os seus amigos, um ridículo de chorar. Mas colar o bonito e suave rosto de Bin Laden no quarto, hoje em dia, tenho certeza de que é coisa em que milhares de jovens em nosso país pensam e que, com certeza, várias centenas já fizeram...

Há principalmente a questão de fundo. O que Brejnev simbolizava, bem ou mal (mais mal do que bem!) era uma alternativa social, política e econômica ao capitalismo: outro sistema socioeconômico, logo também outro sistema político, o socialismo no sentido marxista do termo. Do lado de Bin Laden, não há nada semelhante. A Arábia Saudita, mesmo se ela fosse ainda mais conforme aos anseios de Bin Laden, digamos ainda mais integrista ou islamita do que é, nem por isso deixaria de ser um país capitalista... De resto, o islã não condena nem a propriedade privada dos meios de produção e de troca, nem a liberdade de mercado, nem o trabalho assalariado, que são os três pilares do nosso sistema. O que Bin Laden simboliza, por conseguinte, não é uma alternativa social ou econômica ao capitalismo, mas outros valores, outros ideais, outras regras – não um sistema socioeconômico, mas outra moral, ou até outra civilização. De modo que passar de Brejnev a Bin Laden não é apenas, para o Ocidente, passar de um adversário a outro. É, também aqui, passar de uma *questão* a outra: de uma questão propriamente política (contra ou a favor do capitalismo?) a uma questão muito mais moral ou civilizacional (que opõe, resumindo brevemente, os valores do Ocidente leigo e liberal aos do integrismo islamita).

O Ocidente continua, certamente, a ter adversários. Mas o capitalismo, não; ou antes, se também continua a tê-los – ainda bem, por sinal –, estes não têm mais um modelo alternativo digno de crédito a propor, pelo qual se poderia querer substituí-lo. Digamos que o capitalismo, apesar dos seus desacertos, apesar das suas injustiças, que são incontáveis, desfruta de uma espécie de quase monopólio ideológico. É um presente de grego: ao mesmo tempo que perde seu adversário histórico (o comunismo), o capitalismo também perde a espécie de justificativa negativa que esse adversário lhe oferecia como que de bandeja. Assim, o "triunfo" do capitalismo é contrabalançado por seu desconcerto. Surge a desconfiança de que ele venceu *por nada*. Para que vencer, quando não se sabe por que viver? O capitalismo não se coloca essa questão. É, em parte, o que lhe dá sua força: ele não precisa de *sentido* para funcionar. Mas os indivíduos, sim. Mas as civilizações, sim. O Ocidente tem ainda alguma coisa a propor ao mundo? Acredita o bastante em seus próprios valores para defendê-los? Ou, incapaz de praticá-los, não sabe fazer outra coisa que produzir e consumir – que fazer negócios, à espera da morte?

As sociedades têm horror ao vazio. Perdendo essa justificativa negativa que seu adversário lhe oferecia como que de bandeja, nossa sociedade é obrigada a procurar outra justificativa, que tem de ser desta vez – na ausência de uma alternativa digna de crédito – uma justificativa positiva, que ela só pode encontrar em seu seio, entre certo número de valores, de ideais, em suma, entre certa moral.

Isso coincidiu, cronologicamente, com a "geração moral" que eu evocava há pouco, e pode contribuir para explicá-la. Esse fenômeno, de uma amplitude bem diversa, vai no mesmo sentido: o desmoronamento do bloco soviético também nos remete à questão moral.

3. A "MORTE DE DEUS"

A terceira explicação que gostaria de propor, para esclarecer esse retorno da moral, pertence ao que um historiador chamaria de "longa duração". De fato, penso num processo que se estendeu por vários séculos. Começou na Renascença, acelerou-se no século XVIII, em torno do que foi chamado de Iluminismo, e continuou ao longo dos séculos XIX e XX inteiros. Constatamos hoje, na França, seu quase acabamento. Esse processo é um processo de laicização, de secularização, logo, tratando-se do nosso país, de descristianização. No fundo, era esse processo que Nietzsche diagnosticava, já no fim do século XIX, ao falar da morte de Deus – expressão que ficou famosa. "Deus está morto! Fomos nós que o matamos."³ E é esse mesmo processo que o sociólogo Max Weber analisava a seu modo, no início do século XX, ao falar – outra expressão famosa, retomada recentemente por Marcel Gauchet – de "desencanto com o mundo."⁴

O que isso quer dizer?

Tomemos, por brevidade, a mais célebre das duas expressões, a de Nietzsche: "Deus está morto." Vocês entenderam que a expressão não deve ser levada ao pé da letra. Nietzsche não ignora que Deus, se ele existe, é por definição imortal. Acrescentarei, aliás, que se ele não existe, também é, de certo modo, imortal por isso mesmo...

Falar da morte de Deus não quer dizer tampouco – a meu ver e ao contrário do que Nietzsche às vezes dava a entender – que hoje seria impossível acreditar validamente em Deus. Claro que continua sendo possível! Deus está vivo – aqui, agora, nesta sala – para todos os que acreditam nele. A diferença em relação aos séculos passados é que essa *fé*, hoje em dia, pertence unicamente à esfera privada, como dizem os sociólogos: continuamos podendo, individualmente, acreditar em Deus; não podemos mais, socialmente, comungar nele. Isso vale para cada um de nós e para nós todos. Um professor pode perfeitamente acreditar em Deus; mas não pode mais invocar Deus para

---

3. Ver, por exemplo, *A gaia ciência*, III, §§ 108 e 125 (que cito aqui), e *Assim falou Zaratustra*, I, prólogo, § 2.

4. Max Weber, "Le métier et la vocation de savant" (1909), *Le Savant et le Politique*, Plon, 1959, reed. 10-18, 1963; ver em particular as pp. 69-71; *L'Éthique protestante et l'esprit du capitalisme*, Plon, 1964, reed. Pocket, 2002. Marcel Gauchet, *Le Désenchantement du monde (Une histoire politique de la religion)*, Gallimard, 1985. Para Max Weber, esse "desencanto com o mundo" começa paradoxalmente com o judaísmo e continua com o cristianismo, sobretudo com o cristianismo protestante: esses monoteísmos eliminaram a magia "como técnica de salvação" (Max Weber, *L'Éthique protestante...*, pp. 117 e 134). O ateísmo apenas vai mais longe na mesma direção, ao renunciar à própria salvação.

garantir como quer que seja seu saber ou sua autoridade. Um empresário pode perfeitamente acreditar em Deus; mas não pode mais invocar Deus para justificar como quer que seja seu poder sobre seus colaboradores ou seus subordinados. Um político pode perfeitamente acreditar em Deus; não pode mais invocar Deus para legitimar seu programa ou sua ação. É o preço a ser pago pela laicidade. Os indivíduos podem continuar acreditando em Deus; nossa sociedade não pode mais basear nele sua coesão. Isso cria um grande vazio que fragiliza o corpo social. É esse o sentido que dou aqui à expressão de Nietzsche: Deus morreu *socialmente.*

Isso levanta toda sorte de problemas consideráveis, que giram quase todos em torno da questão da comunidade. O que resta da nossa *comunidade*, por exemplo, nacional ou européia, quando não é mais possível baseá-la numa *comunhão* religiosa? Porque é a comunhão que faz a comunidade, e não o inverso. Não é porque há uma comunidade já constituída que há comunhão. Ao contrário, é porque há comunhão, e *se* há comunhão, que há comunidade, e não um simples conglomerado de indivíduos justapostos ou concorrentes...

Então que *comunidade*, quando não há mais *comunhão*?

Ouvi Michel Serres, alguns anos atrás, retrabalhar a etimologia (ou uma das duas etimologias possíveis: a questão é discutida pelos especialistas, mas isso não tem importância aqui) da palavra "religião". A etimologia que Michel Serres adotava, e que aliás é a mais comumente proposta pelos especialistas, é a que sustenta que o latim *religio*, de que evidentemente deriva "religião", vem de um verbo, *religare*, que significava ligar fortemente. De modo que, dizia Michel Serres, e essa observação foi feita muitas vezes antes dele, a religião é o que *liga*. Vocês perceberam o sentido: a religião é o que liga os homens *entre si*, ligando todos eles *a Deus*. Simplesmente, acrescentava Michel Serres, e essa observação era mais nova, se a religião é o que liga, o contrário da religião não é o ateísmo, como se costuma crer; o contrário da religião é a ausência de ligação, isto é, concluía Michel Serres, a *negligência* – já que, etimologicamente, "negligência", pelo menos é o que Michel Serres sugeria (e mesmo se a etimologia, também neste caso, me parece algo duvidosa ou aproximativa), significa *ausência de ligação*.

Apoiando-me nesta última observação de Michel Serres, eu diria que o que hoje nos ameaça, parece-me, é o que chamarei de uma era da negligência generalizada, isto é, uma pura e simples dissolução da *ligação*, do vínculo social, de tal sorte que nossos concidadãos, tornando-se incapazes de comungar no que quer que seja, não podem mais fazer outra coisa senão cultivar sua estreita esfera privada – o que os sociólogos chamam de triunfo do individualismo, ou, no franglês costumeiro deles, do *cocooning*.

Esse triunfo do individualismo não questiona nossa sociedade, como sistema econômico. Ele é evidentemente compatível com o capitalismo. Talvez seja até sua expressão. O individualismo, o *cocooning*, dá ótimos consumidores. E como a gente tem de ir tocando a vida, se dá bons consumidores, também dá produtores no mínimo aceitáveis. Portanto, nossa sociedade, como sistema econômico, não está ameaçada com ele; ela seria perfeitamente capaz de subsistir, pelo menos por certo tempo. Mas não conseguiria criar vínculo; não conseguiria criar comunidade; não conseguiria criar sentido. Nossa sociedade poderia subsistir, mas nossa civilização acabaria. Lembremos entretanto que nunca se viu sociedade sem civilização. E que raramente se viu uma sociedade sobreviver por muito tempo à civilização que foi sua.

Minha inquietação é que essa morte social de Deus, em nossos países, seja ao mesmo tempo a morte do espírito – o desaparecimento, pelo menos no Ocidente, de toda vida espiritual digna desse nome. A tal ponto que, com o esvaziamento das igrejas, só saibamos preencher nossa manhã de domingo com o supermercado.

Seria um erro rejubilar-se com isso. Permitam que o ateu que sou lhes diga que este, o supermercado, não substitui aquela, a igreja. E que uma sociedade que só teria a oferecer, principalmente aos jovens, o supermercado provavelmente teria deixado seu futuro para trás. Aliás, os jovens sentem muito bem isso. Parece-me que também é esse – que, talvez, seja até principalmente esse – o sentido das JMJ...

Que relação com o retorno da moral? Porque tudo isso, vocês poderiam objetar, pertence muito mais à espiritualidade do que à moral... Pertence a ambas. À espiritualidade, pois se trata de sentido, de vínculo, de comunhão; mas também à moral, pois se trata, cá estamos nós, de regras e de valores.

Que relação entre a morte de Deus e o retorno da moral? A relação parece-me ser a seguinte. Esquematizando em traços bem grosseiros, durante vinte séculos de Ocidente cristão, no fundo era Deus que respondia à pergunta "que devo fazer?" (que é *a* questão moral) – por seus mandamentos, por seus sacerdotes, por sua Igreja –, de modo que a gente tinha que se preocupar tanto menos com essa questão quanto mais a resposta era óbvia, incluída que estava numa civilização fundamentalmente religiosa[5].

---

5. Isso é válido sobretudo para o mundo católico. Os protestantes, com a noção do "livre exame", atribuíram um lugar mais importante à consciência individual. Mas esta nem por isso deixou de estar submetida, pelas Escrituras, à revelação e a uma Lei transcendente. O "livre exame" não é o livre pensamento: a moral, para a Reforma, permanece submetida à religião.

A gente recebia uma espécie de enxoval, ao nascer ou durante os primeiros anos de vida, que era um enxoval essencialmente religioso (era o que se chamava "Ocidente cristão"), o qual incluía evidentemente uma moral. De modo que a moral era, então, muito menos um problema do que uma solução.

Sim. Mas eis que à pergunta "que devo fazer?", Deus não responde mais. Ou, mais exatamente, eis que suas respostas se tornam socialmente cada vez menos audíveis – inclusive, notemos de passagem, para um número crescente de cristãos praticantes, especialmente entre os mais jovens. Todas as pesquisas confirmam que uma maioria de cristãos praticantes, principalmente entre os com menos de cinqüenta anos, não se sente mais obrigada pelas injunções morais da Igreja ou do papa – basta pensar nos problemas da contracepção ou da sexualidade fora do casamento. Dentre esses milhões de jovens que aclamaram João Paulo II, quantos fazem verdadeiramente questão de se casar virgens? Quantos renunciaram definitivamente à pílula e à camisinha?

Logo, à questão "que devo fazer?", Deus não responde mais, ou suas respostas se tornam socialmente cada vez menos audíveis. Mas ela continua se formulando... De modo que cada um de nós é remetido a essa questão – "que devo fazer?" – como sua questão pessoal mais íntima, que ninguém mais (nem Deus, nem padre, nem secretário-geral do partido...) pode responder em seu lugar e que, por conseguinte, adquire com isso uma importância maior ainda. Muito ingênuos eram os que acreditavam que o ateísmo suprimia a questão moral! O contrário é que é muito mais verdadeiro: necessitamos tanto mais de moral quanto menos temos religião – porque temos de responder à questão "que devo fazer?", quando Deus não responde mais. É por isso que, hoje, necessitamos terrivelmente de moral! É por isso que, inclusive, necessitamos de moral, hoje, sem dúvida muito mais que em qualquer outra época conhecida da humanidade civilizada. Porque nunca, desde há trinta séculos, conheceu-se uma sociedade a tal ponto laicizada; nunca, desde há trinta séculos, conheceu-se uma sociedade tão pouco religiosa, em suas profundezas, quanto a nossa. De modo que, se é verdade, como creio, que necessitamos tanto mais de moral quanto menos temos religião, forçoso é concluir que necessitamos, hoje, de moral muito mais do que já precisamos desde há pelo menos três mil anos.

"Se Deus não existe", dizia um personagem de Dostoiévski, "tudo é permitido." Eu diria, antes, o contrário: se Deus existisse, poderíamos a rigor nos permitir tudo, em outras palavras, entregar nas mãos dele o problema (já que, em verdade, ele já estaria resolvido) e aguardar tranqüilamente o fim dos tempos. Fazer o bem? Para que, se todo o bem possível já existe (em Deus)? Fazer o mal? Desobedecer? Pensando bem, por que não? Isso, se Deus existe, até seria excitante! Mas e se ele não existe? Que excitação haveria em ser covarde, negligente, egoísta, malvado? Se Deus não existe, não se trata mais de abandonar nem de esperar o que quer que seja: torna-se urgente nos interrogarmos sobre o que nós nos *permitimos* ou não.

A religião, para dizê-lo com outras palavras, inclui uma moral, que, por incluí-la, a torna secundária. Se a religião desaparece, a questão moral retorna ao primeiro plano.

4. A MODA DA "ÉTICA EMPRESARIAL"

Resumindo. Três explicações me parecem esclarecer o "retorno da moral": primeiro, a passagem de uma geração a outra e a crise da política que essa passagem exprime;

em seguida, o desmoronamento do bloco soviético e a perda, pelo capitalismo, da justificação negativa que seu adversário lhe oferecia como que de bandeja; enfim, essa morte social de Deus, que remete cada um de nós à questão "que devo fazer?" como sendo *nossa questão pessoal*. Se vocês enfileirarem essas três explicações, compreenderão que esse retorno da moral não é apenas uma questão de moda. É uma questão de fundo, que vai nos ocupar durante as décadas vindouras e na qual nossa civilização vai jogar ao menos uma parte do seu destino.

Logo, não é apenas uma questão *de* moda. É também uma questão *na* moda. Às vezes – ainda bem –, a moda se apodera de verdadeiras questões. É o caso aqui. Ora, como eu dizia na minha introdução, quando a moda se mete, acarreta certo número de confusões. Essa moda da moral não foge à regra. É verdade em particular, e talvez principalmente, no mundo da empresa. De fato, há vários anos chegou até nós, como acontece com freqüência, uma moda vinda de além-mar, que podemos chamar de *moda da ética empresarial* – que nunca é nada mais que a versão empresarial do "retorno da moral" que acabo de evocar.

De que se trata? Também neste caso, trata-se muito mais de discursos do que de comportamentos. Ouço muito dizer, aqui e ali, leio na imprensa, tanto profissional como para o grande público, observações como estas: "A ética (subentendido, nesse contexto, a ética empresarial) melhora o clima interno da empresa, logo a produtividade"; "A ética melhora a imagem da empresa, logo as vendas"; "A ética melhora a qualidade da produção ou do serviço, logo, de novo, as vendas"... Resumindo, a ética é eficiente, a ética vende! "*Ethics pays*", dizem do outro lado do Atlântico: a ética compensa. Alguns chegaram a forjar o curioso neologismo "markética", para designar o filho, bizarramente formado, dos estranhos amores entre o marketing e a ética...

Esses discursos não florescem apenas nos Estados Unidos. Passaram-me, faz uns anos, a xerox de um anúncio da Essec-IMD (o braço do aperfeiçoamento profissional dessa prestigiosa escola de economia e de comércio), que nos informava que ela vinha de criar um ciclo de aperfeiçoamento intitulado "gestão da ética dos negócios". Ora, o lema central desse ciclo era o seguinte (cito, é a Essec-IMD que fala): "A ética é uma fonte de lucro." E com isso oferecia um curso pela módica soma – foi antes do euro – de 98 mil francos*, mais impostos... Afinal a ética tem de ser uma fonte de lucro para alguém.

Confesso que esse tema da ética que compensa, da *markética* ou da ética que é uma fonte de lucro me deixa um tanto perplexo e até, para ser franco, passavelmente reticente.

Antes de mais nada, primeira razão de perplexidade, porque seria a primeira vez que a virtude, por si só, faria alguém ganhar dinheiro.

Depois, segunda razão de perplexidade, porque, muito embora eu não conteste (e é óbvio que não contesto) que às vezes ou muitas vezes seja possível ganhar dinheiro honestamente, muito embora não conteste que a moral e a economia, o dever e o interesse às vezes ou muitas vezes podem ir na mesma direção, faço notar que, em todas as situações em que isso acontece, não há por definição nenhum problema – em especial nenhum problema moral.

Tomemos um exemplo. Você pode optar, no âmbito da sua profissão, entre duas decisões, A e B. Se optar por A, você é um cara formidável, uma mulher formidável, e ganha muito dinheiro. Se optar por B, você é um crápula e perde muito dinheiro. Não é preciso quebrar a cabeça, chamar um consultor ou um filósofo para saber o que você deve fazer...

---

* Cerca de 14 mil euros. (N. do T.)

É óbvio que você vai escolher A, pois a moral e a economia o levam a essa opção, pois é ao mesmo tempo seu dever e seu interesse! Nesse caso, não há nenhum problema, em especial nenhum problema moral.

Eu me pergunto se o que costumam chamar de *ética empresarial* em nossas gazetas e em nossos seminários nada mais é que a arte de resolver esse tipo de problemas – quero dizer, os problemas que não são problemas.

Enfim, terceira razão de perplexidade... Você vai optar por A, é claro, já que a essa opção o levam a moral e a economia, o dever e o interesse. Resta saber porém se você escolheria A por dever ou por interesse, por motivos morais ou por motivos econômicos. Como os dois, nessa hipótese, vão na mesma direção, como saber qual das duas motivações foi a mais determinante? Cada qual que se interrogue por conta própria. Mas parece-me que um pouco de lucidez e de humildade ao mesmo tempo deve nos levar a pensar que, nesse caso, agimos por interesse. E que nossa ação, por conseguinte, por mais conforme que seja à moral, não tem entretanto, como diria Kant, nenhum valor moral – já que é levada a cabo por interesse e que o próprio do valor moral de uma ação, como todos sabem, é o desinteresse[6].

---

6. Sobre a noção de desinteresse, em Kant, ver a primeira seção dos seus *Fundamentos da metafísica dos costumes*. Ver também a *Crítica da razão prática*, Dialética, cap. II, seção 9. Ninguém é obrigado a ser kantiano, e aliás eu mesmo não sou. Só adoto aqui numa espécie de "kantismo provisório" para ir mais depressa ao essencial, sem voltar às questões metafísicas que tratei em outra oportunidade e que tornaria a exposição exageradamente pesada. De resto, sobre a moral, Kant tem razão, pelo menos do ponto de vista fenomenológico: ele a descreve tal como ela se nos apresenta, tal como a vivemos ou cremos vivê-la, do interior. Temos todos a sensação de que uma ação que é feita *por interesse* (por exemplo, prestar um serviço na esperança de uma recompensa) perde, com isso, todo valor propriamente moral. É por isso que não dá para acompanhar os utilitaristas até as últimas conseqüências. Que a moral também pode ter uma utilidade social ou individual, ninguém contesta. Mas ela só é pro-

Permitam-me ilustrar esse ponto com dois exemplos, um que me diz pessoalmente respeito, outro que diz mais respeito ao mercado em geral e àqueles que (nós todos, direta ou indiretamente) vivemos dele. Desculpem-me se começo pelo que me diz respeito: é para terminar pelo mais importante.

Imaginem que esta noite, jantando com amigos, eu lhes faça esta declaração exorbitante: "Desta vez, meus amigos, estou moralmente satisfeito comigo mesmo! Passei a tarde dando uma conferência para um grande público sobre a relação entre a moral e a economia. Duas horas de exposição, três horas de debate! Se isso não é ter uma elevada idéia das minhas responsabilidades de intelectual, de filósofo, de cidadão, o que é?" Meus amigos, apesar de um tanto surpresos com meu tom, não poderiam, moralmente, deixar de me aprovar. Menos um, que de repente me interroga: "Mas, escute aqui, eles te pagaram pela conferência ou você a deu de graça?" Eu responderia a verdade: "De graça? Não. Eles me pagaram... Aliás, em comparação com nossos costumes universitários, que são bem mesquinhos, eles me pagaram muito bem!" Meus amigos, então, não poderiam deixar de protestar: "Nenhum de nós vai te criticar por ter dado uma conferência paga: todo trabalho merece remuneração, e sabemos que você deu sua conferência com a maior honestidade. Mas achamos muita cara-de-pau

---

priamente moral na medida em que não se reduz a essa utilidade. Senão, teríamos, moralmente, o direito de torturar uma criança (o exemplo é dado por Dostoiévski), se isso aumentasse o bem-estar da humanidade – coisa que evidentemente não podemos aceitar. Isso não faz que o interesse seja incompatível com a moral. Mas não seria possível identificar aquele com esta sem destruir a própria moral. É nisso que a noção de *desinteresse* é fenomenologicamente decisiva. Uma ação moral pode ter, por outro lado, um interesse. Mas ela só é válida, moralmente, na medida em que sua motivação não se reduzir a esse interesse – portanto, somente na proporção do desinteresse, pelo menos parcial, que ela comporta ou manifesta.

sua gabar-se moralmente por ter dado uma conferência pela qual você mesmo reconhece ter sido bem pago! Releia Kant", diriam meus amigos filósofos: "A partir do momento em que tudo dá a entender que você deu sua conferência *por interesse*, mesmo que você tenha agido de acordo com a moral, sua conferência não tem nenhum valor moral, já que você a deu por interesse e que o que caracteriza o valor moral de uma ação é o desinteresse." Meus amigos teriam evidentemente razão, e é por isso que nem me passaria um só instante pela cabeça a idéia de me gabar, moralmente, de estar hoje entre vocês.

O segundo exemplo é o próprio Kant que nos propõe. É bastante interessante para o nosso tema, pois é o exemplo de um comerciante. É o exemplo de um "comerciante sensato", como diz Kant, que só é honesto para preservar a freguesia. Ele não engana quanto ao que vende, aplica o mesmo preço para todo o mundo, dá escrupulosamente o troco, "tanto que uma criança", precisa Kant, "compra na loja dele tão barato quanto qualquer um."[7] Muito bem. Mas por quê? Porque nosso comerciante sabe perfeitamente que a primeira malandragenzinha que descobrissem o levaria a perder freguesia e que, portanto, ele perderia muito mais dinheiro, com o correr do tempo, do que os trocados que poderia roubar aqui e ali... Por isso ele é de uma honestidade escrupulosa... e absolutamente egoísta. Esse comerciante, observa Kant, age entretanto de acordo com a moral, de acordo com o dever. E o que é seu dever? Ser honesto. Ora, ele é honesto... Sim, diz, Kant, ele age *de acordo com o dever*, mas não *por dever*. Ele age de acordo com o dever, mas *por interesse*. Pois bem, nesse caso, conclui Kant, por mais conforme que seja à moral, sua ação não tem nenhum

---

7. *Fondements de la métaphysique des moeurs*, I, p. 62 da trad. fr. Delbos-Philonenko, Vrin, 1980.

valor moral, já que é realizada por interesse e que o próprio do valor moral de uma ação é o desinteresse.

Eu me pergunto, aqui também, se o que se costuma chamar de *ética empresarial* em nossas gazetas ou nossos seminários não é a arte de realizar esse tipo de ações: ações sem dúvida geralmente conformes à moral, não discordo, mas sem nenhum valor moral – já que lhes explicam no jornal ou no seminário que essa ética empresarial é, precisamente, do interesse de vocês (digamos, do interesse empresarial), que a ética, como diz o Essec-IMD, é "fonte de lucro". Tudo bem. Mas, se a ética é fonte de lucro, por que meter a moral no meio? Isso diz respeito aos negócios, ao marketing, à gestão, não tem mais nada a ver com a moral.

Resumindo, minha inquietação em relação a essa moda da ética empresarial é que, de tanto usar da moral como pau para toda obra, de tanto querer que ela esteja presente em toda parte (e, ainda por cima, que ela seja rentável!), acaba-se diluindo-a e instrumentalizando-a a tal ponto que, na verdade (sim, em sua austera e desinteressada verdade), ela não está mais presente em parte alguma.

De modo que, em vez de transformar a moral em pau para toda obra, em vez de vê-la presente em toda parte, o que é a melhor maneira de não estar presente como tal em parte alguma, prefiro distinguir certo número de domínios diferentes, a que chamarei de um certo número de *ordens* diferentes, e assinalar, da maneira mais clara possível, certos limites entre elas.

II
O problema dos limites e da distinção das ordens

Por que o problema dos limites? Porque, quando se renuncia ao "tudo é permitido" do tolo, da geração 68 ou do canalha, coloca-se a questão de saber o que *não é* permitido. Ora, perguntar o que não é permitido é colocar o problema dos limites.

1. A ORDEM TECNOCIENTÍFICA

Por exemplo, que limites para as tecnociências, como se diria hoje, e em especial para as ciências dos seres vivos? Que limites para a biologia? Mais precisamente, que limites para as manipulações genéticas das células germinais, as que transmitem o patrimônio hereditário da humanidade? Ou que limites para a clonagem reprodutiva aplicada à espécie humana (inclusive um limite absoluto: um *não* incondicional)? A essas questões a biologia não responde. Porque não está suficientemente avançada, no sentido de que não poderia dar a resposta antes de dez ou vinte anos? Não. Ela não responde e nunca responderá, porque essa questão não é da sua competência. Tudo o que a biologia pode fazer, como ciência, é nos dizer que manipulação genética é tecnicamente possível, qual é tecnicamente impossível, pelo menos hoje em dia, mas cientificamente cogitável, que talvez vá ser possível dentro de alguns anos... O mesmo, claro, vale para a clonagem reprodutiva: a biologia nos diz *como* fazer, mas não *se devemos* fazer. A biologia nos diz o que é biologicamente possível ou impossível. Mas fixar, no campo do possível, um limite que a biologia não deveria transpor em nenhum caso, é coisa que a biologia, como qualquer ciência, é definitivamente incapaz de fazer. Que limites para a biologia? A biologia não responde.

Segundo exemplo: que limites para a economia? Que limites para o capitalismo? Que limites para o mercado e para a lei do mercado? Lembro-me de um colóquio de que participei, há alguns anos, que reunia executivos de grandes empresas e certo número de especialistas, a maioria dos quais economistas. Revejo um dos brilhantes economistas que estavam lá dizendo, na assembléia geral, o seguinte: "Faz muito tempo que a cotação do cacau está bem abaixo do que a decência pode tolerar." Eu lhe respondi que compreendia o que ele queria dizer, que estava plenamente de acordo com ele. No entanto, observei, a *decência*, que eu saiba, não é uma noção econômica.

Que limite para a cotação do cacau? A economia não responde. Tudo o que a economia pode fazer, como ciência, é nos dizer qual a cotação atual, o que não é difícil, qual a cotação previsível (daqui a quinze dias, seis meses, dez anos...), por qual mecanismo de equilíbrio o mercado tenderá, por si próprio, em caso de queda das cotações, a se estabilizar, etc. Mas estabelecer previamente uma espécie de cotação-piso abaixo da qual o cacau não deveria baixar em caso algum, é coisa de que a economia, como tal, é definitivamente incapaz. Que limite para a economia? A economia não responde.

Aqui, estamos dentro do que chamarei de uma primeira ordem, no sentido pascaliano do termo[8], em outras palavras, um primeiro nível, um primeiro domínio (com sua coerência própria e sua independência pelo menos relativa com respeito às outras), que proponho chamarmos de *ordem tecnocientífica*. Para sermos mais completos e mais explícitos, poderíamos chamá-la de *ordem econômico-tecnocientífica*. Mas, por um lado, essa expressão seria tremendamente pesada; por outro, e sobretudo, ela seria pleonástica, já que a economia é ao mesmo tempo uma ciência (humana) e uma técnica. Chamemos pois essa ordem de *ordem tecnocientífica*, mas não nos esqueçamos que a economia faz parte dela de pleno direito, como toda ciência e como toda técnica.

Essa ordem tecnocientífica é estruturada, internamente, pela oposição entre o possível e o impossível. Tecnicamente, há o que se pode fazer (o possível) e o que não se pode fazer (o impossível). Cientificamente, há o que se pode pensar (o possivelmente verdadeiro) e o que não se pode pensar (o possivelmente falso). Mas essa fronteira interna entre o possível e o impossível é incapaz de limitar a ordem tecnocientífica mesma. Por quê? Porque ela não pára, historicamente, de se deslocar! É o que chamamos de progresso científico e técnico, inclusive (pensem na bomba atômica) quando pode ser nefasto. O que era impossível,

---

8. Uma ordem, em Pascal, é "um conjunto homogêneo e autônomo, regido por leis, alinhado a certo modelo, de que deriva sua independência em relação a uma ou várias outras ordens" (Jean Mesnard, "Le thème des trois ordres dans l'organisation des Pensées", in *Thématique des Pensées*, Vrin, 1988, p. 31). Lembremos que as três ordens de Pascal são a ordem do corpo, a ordem do espírito ou da razão, enfim a ordem do coração ou da caridade. O texto decisivo sobre essa noção é o fragmento 308-793 (nossas referências pascalianas remetem à edição Lafuma das *Oeuvres complètes*, Seuil, col. "L'Intégrale", 1963; em se tratando dos *Pensamentos*, o primeiro número é o da edição Lafuma, o segundo o da edição Brunschvicg).

dez anos atrás, às vezes é possível hoje; várias das coisas que são impossíveis hoje serão possíveis daqui a vinte ou trinta anos. Essa fronteira interna entre o possível e o impossível não limita a ordem tecnocientífica; ela apenas a estrutura, registrando o estado atual e evolutivo do seu desenvolvimento. De tal modo que, se deixarmos essa ordem tecnocientífica entregue à sua espontaneidade interna, ela verificará o que o biólogo Jacques Testart, num colóquio em que estávamos juntos, chamava de "único princípio do universo técnico". É o que às vezes chamam de a lei de Gabor. O princípio é o seguinte, a lei é a seguinte: "Todo o possível será sempre feito." Acrescentarei simplesmente: contanto que tenha um mercado para ele.

Ora, às vezes acontece que o hoje possível se torna particularmente assustador (inclusive tendo um mercado possível). O progresso tecnológico não é uma garantia. Ele pode se voltar contra nós, a ponto de ameaçar a própria existência da humanidade – por exemplo, por meio das manipulações genéticas, de uma eventual guerra nuclear ou da poluição, do efeito estufa ao buraco na camada de ozônio... Quanto à economia, ela ameaça mais simplesmente, mais cotidianamente, mas muitas vezes de forma dramática, as condições de vida – quando não a própria vida – de milhões dos nossos contemporâneos. Cada vez que a cotação do cacau perde vinte centavos a tonelada em Londres ou Nova York, dezenas de milhares de pessoas caem abaixo do limiar da pobreza nos países produtores. Isso não basta para fazer a cotação subir, mas nos proíbe de nos entregarmos tranqüilamente às leis do mercado...

Resumindo, se deixarmos essa ordem tecnocientífica entregue exclusivamente à sua espontaneidade interna, todo o possível será sempre feito; ora, o possível, hoje, é mais assustador do que nunca.

De modo que somos obrigados a limitar essa ordem tecnocientífica, a fim de que tudo o que é cientificamente pensável e tecnicamente possível nem por isso seja feito. E como essa ordem é incapaz de se limitar a si mesma – não há limite biológico para a biologia, não há limite econômico para a economia, etc. –, só a podemos limitar *do exterior*.

2. A ORDEM JURÍDICO-POLÍTICA

O que vai vir limitar, do exterior, essa ordem tecnocientífica? Uma segunda ordem, que proponho chamar de *ordem jurídico-política*. Concretamente, a lei, o Estado. O que vai nos dizer, por exemplo, se temos o direito ou não de fazer a clonagem reprodutiva ou as manipulações genéticas das células germinais, que são hoje tecnicamente possíveis? Resposta: o legislador – a vontade do povo soberano, em nossas democracias, pela mediação dos seus representantes.

Essa ordem jurídico-política é estruturada, internamente, pela oposição entre o legal e o ilegal. Juridicamente, há o que a lei autoriza (o legal) e o que a lei veda (o ilegal). Politicamente, há os que têm competência para *fazer a lei* (a maioria, em nossas democracias parlamentares) e os que não têm competência para *fazer a lei* (a minoria, a oposição). É o que chamamos, na França, de ordem democrática, ordem republicana.

Coloca-se entretanto a questão de saber o que vai vir limitar essa segunda ordem.

A questão talvez surpreenda vocês. Poderão objetar: "Mas por que limitar essa segunda ordem? Que você queira limitar a primeira, dá para entender, todo o mundo percebe os perigos da técnica ou da economia entregues a elas mesmas. Mas essa segunda ordem? Como você mesmo disse, é a ordem democrática, em todo caso em nosso país, é a ordem republicana... Por que cargas-d'água você quer limitar a democracia? Por que quer limitar a República?"

Eu responderia que quero limitar uma e outra, pelo menos em certo sentido, porque, a meu ver, somos obrigados a fazê-lo. E somos obrigados a fazê-lo essencialmente por duas razões: uma razão individual, que vale para cada um de nós, e uma razão coletiva, que vale para o povo, ou povos, que formamos.

Começo pela legislação individual. Imagine um indivíduo perfeitamente respeitoso da legalidade do país em que vive, que faria sempre o que a lei impõe, que nunca faria o que a lei veda – o legalista perfeito. Mas que se ateria *unicamente* a essa determinação. E procuremos ver o que poderia acontecer com ele...

Nenhuma lei veda a mentira – salvo em certas circunstâncias específicas, por exemplo comerciais ou contratuais. Pode depender da função que a pessoa exerça. Talvez aconteça com algum de vocês, se mentirem no âmbito do seu trabalho, que ao fazê-lo vocês violem alguma lei. Não sei, nem quero saber. Mas sei que eu, quando minto (o que acontece raramente, mas pode acontecer às vezes, como com todo o mundo), não violo nenhuma lei.

Nenhuma lei veda o egoísmo.

Nenhuma lei veda o desprezo.

Nenhuma lei veda o ódio.

Nenhuma lei veda – vejam só – a maldade.

De modo que nosso indivíduo perfeitamente legalista poderá, em plena conformidade com a legalidade republicana, ser mentiroso, egoísta, cheio de ódio e desprezo, numa palavra, mau. O que ele seria, então, senão um canalha legalista?

Ora, vocês hão de entender que não temos nada, nessa segunda ordem, para escapar do que chamarei de *espectro do canalha legalista* – já que ele se define pelo respeito completo, escrupuloso, intransigente de *toda* a legalidade. E nada tampouco para escapar desse espectro na primeira ordem: um canalha legalista pode ser cientificamente competente, tecnicamente eficiente; com o que será com certeza mais eficaz, talvez mais perigoso, mas nem por isso deixará de ser um canalha. Se quisermos, individualmente, escapar desse espectro do canalha legalista, devemos encontrar outra coisa além dessas duas primeiras ordens – a fim de que tudo o que é tecnicamente possível e legalmente autorizado nem por isso seja feito.

Era a primeira razão, a razão individual.

A segunda razão, que me leva a querer limitar essa ordem jurídico-política, é uma razão coletiva. Para que fique clara, permitam-me contar uma história. Aconteceu há alguns anos, na Sorbonne, quando eu ensinava lá (tratava-se de um curso de licenciatura, no âmbito do que chamamos UV de filosofia política). Tínhamos posto no programa daquele ano "O povo". Dou aulas, explico textos... Chega o fim do primeiro trimestre: tenho de dar um tema de dissertação. Proponho aos meus alunos o seguinte tema: "O povo tem todos os direitos?" Corrijo os trabalhos... E descubro que a quase totalidade dos nossos alunos, com uma boa consciência democrática que às vezes achei um tanto ou quanto inquietante, me respondia que sim, claro, o povo tem todos os direitos: é assim que tem de ser, é o que se chama democracia... De jeito nenhum, é óbvio, porque senão cada um poderia fazer o que bem entendesse! Meus alunos não confundiam democracia com anarquia. Eles sabiam que os cidadãos, numa democracia, são submetidos à lei (eles também são súditos, diria Rousseau[9]). Tampouco confundiam os cidadãos com o povo. Ora, explicavam a justo título, somente o povo, numa de-

---

9. *Contrato social*, I, 6.

mocracia, pode decidir, em última instância, o que é legal ou ilegal, em outras palavras, os limites a impor à liberdade dos indivíduos. Os cidadãos, claro, não têm todos os direitos; mas o povo, sim: pois ele decide soberanamente sobre o direito de uns e outros, e dele próprio. Senão, não haveria nem soberania nem direitos.

Com efeito, perguntavam-se meus alunos, o que é a democracia? É o regime em que o povo é soberano. Ora, o que é o soberano? É por definição aquele que tem todos os direitos, explicavam (apoiando-se em vários textos que havíamos analisado juntos, de Hobbes, Espinosa, Rousseau, que de fato disseram isso e que tiveram razão em dizê-lo, eis o ponto), já que é ele que *faz* o direito. Aliás, acrescentavam os que haviam feito seu o argumento de Hobbes, se o soberano não tivesse todos os direitos, seria necessária uma autoridade acima dele, para verificar se ele não havia exorbitado dos seus direitos e puni-lo, se fosse o caso. Mas então não seria mais ele o soberano, constatava Hobbes, seria a autoridade acima, e o problema apenas mudaria de lugar... Em suma, concluíam meus alunos, o povo tem de fato todos os direitos, em todo caso numa democracia – já que ele é soberano –, e ainda bem que é assim: é o que funda e define a democracia.

Devolvo os trabalhos... Digo a eles: "Tudo bem, o povo tem todos os direitos. Logo, ele tem o direito de oprimir esta ou aquela minoria, por exemplo votar leis antijudaicas; logo tem o direito de praticar o assassinato legal, por exemplo abrir campos de concentração; logo tem o direito de deflagrar guerras de agressão... O que então, perguntei a eles, vocês criticam em Hitler, que por sinal foi nomeado chanceler do Reich em 1933, de uma forma mais ou menos democrática?" Eles me respondem: "Não foi o que quisemos dizer!" Disso eu tenho certeza. Mas então: o povo tem todos os direitos ou não tem todos os direitos?

Os mais espertos objetam: "Esta sua história não cola, porque oprimir uma minoria, praticar assassinato legal, deflagrar guerras de agressão, etc., a Constituição veda. Viu? Não tem problema!"

Respondi que sim, que tem um senhor problema. É que a mesma Constituição, que de fato veda tudo isso, prevê modalidades democráticas para alterar a Constituição. De tal sorte que, se um povo dado, em circunstâncias históricas particulares (estamos infelizmente bem situados, na Europa, para saber que não se trata de um cenário de ficção científica), quiser oprimir uma das suas minorias, ao constatar – por exemplo, na França, porque o Conselho Constitucional teria cassado uma lei – que a Constituição veda fazê-lo, poderia se quiser, esse mesmo povo, modificar a Constituição (ou mudar *de* Constituição) de tal modo que ela não o vede mais. É por isso que o povo é que é soberano na França, e não a Constituição ou o Conselho Constitucional. Inútil dizer que isso me parece ótimo. É o que faz que estejamos em *democracia*, soberania do povo (*demos*, em grego), e não em *nomocracia*, soberania da lei (*nomos*) – que poderia, concretamente, não ser mais que o poder dos juízes, o que não me parece de forma alguma algo ideal...

Resumindo, como tinha visto Rousseau, na linguagem jurídica do seu tempo, *não há lei fundamental*[10]. O que é uma lei fundamental, no vocabulário jurídico do século XVIII? É uma lei que se imporia ao soberano – ao povo soberano, numa democracia –, de tal modo que o soberano não a pudesse mudar. Não há lei fundamental, explicava Rousseau, precisamente porque o povo é soberano: é ele que faz a lei, logo sempre pode desfazê-la, refazê-la, mo-

---

10. Ver, por exemplo, o *Contrato social*, I, 7. Ver também R. Derathé, *Jean-Jacques Rousseau et la science politique de son temps*, Vrin, 1979, cap. V ("La théorie de la souveraineté"), pp. 328-41.

dificá-la. É nisso que a soberania é por natureza ilimitada ("Limitá-la é destruí-la"[11]): porque não há limite, pelo menos do ponto de vista jurídico, a não ser aquele imposto por ela própria. O povo, mesmo assim, continua submetido às suas próprias leis: ele pode modificá-las, mas não pode violá-las. É o que se chama Estado de direito, que distingue a democracia de uma ditadura popular. No entanto essa submissão não poderia valer como limite, pois o povo soberano continua perfeitamente livre para, a qualquer momento, modificar suas leis e sua Constituição. Nada pode "obrigar o soberano para com ele mesmo", insiste Rousseau; seria contrário à essência da soberania que "o soberano se imponha uma lei que ele não possa infringir"[12]. É esse o ponto essencial, especialmente para os democratas. Dizer, com Rousseau, que não há lei fundamental e que a soberania é incapaz de se limitar a si mesma equivale exatamente a dizer: *não há limites democráticos à democracia*. Do mesmo modo que não há limites biológicos à biologia, não há limites econômicos à economia, etc., não há limites democráticos à democracia.

É por isso que a democracia, e de novo na Europa estamos bem situados para sabê-lo, não é de forma alguma uma garantia, nem mesmo contra o pior.

De modo que se quisermos escapar, coletivamente desta vez, desse espectro do povo que teria todos os direitos, inclusive do pior, somos também obrigados a limitar essa ordem jurídico-política. Mas com o quê? Vocês hão de entender que não podemos encontrar o limite nesta segunda ordem (como a lei poderia limitar o que faz a lei?), nem tampouco na primeira: um povo científica e tecnicamente desenvolvido nem por isso é menos perigoso, ao

---

11. Rousseau, *Contrato social*, III, 16.
12. *Ibid.*, I, 7 ("Do soberano").

contrário – foi, por sinal, historicamente, uma das tragédias do nazismo que esse horror tenha se desenvolvido no seio de um dos povos técnica e cientificamente mais avançados do planeta. Se os alemães houvessem fabricado a bomba atômica antes dos americanos, onde estaríamos hoje em dia?

Temos portanto duas razões para querer limitar essa ordem jurídico-política: uma razão individual, para escapar do espectro do canalha legalista, e uma razão coletiva, para escapar do espectro do povo que teria todos os direitos, inclusive de fazer o pior. E como essa ordem é incapaz, tal como a precedente, de se limitar a si mesma (não há limites democráticos à democracia, não há limites jurídicos ou políticos ao direito e à política), só podemos limitá-la, mais uma vez, *do exterior*.

3. A ORDEM DA MORAL

O que vai vir limitar, do exterior, essa segunda ordem?

Claro, vocês adivinharam, uma terceira ordem (podem ficar sossegados, só são quatro: já, já chegaremos ao fim), que proponho chamarmos de *ordem da moral*. Cá estamos. Se não temos o direito, individualmente, de ser uns canalhas legalistas, e se o povo, coletivamente, não tem todos os direitos, não é por razões jurídicas ou políticas; é por razões morais. É que estamos submetidos não apenas a certo número de impedimentos técnicos, científicos, econômicos na ordem nº 1, não apenas a certo número de impedimentos jurídicos ou políticos na ordem nº 2, mas também a certo número de exigências propriamente morais.

Meus alunos tinham razão, pelo menos no âmbito da ordem nº 2 e atendo-nos unicamente ao ponto de vista jurídico e institucional: o povo, numa democracia, tem formalmente todos os direitos. Mas eles haviam esquecido três pontos importantes, que vêm, mesmo numa democracia, limitar a soberania do povo.

O primeiro, que pertence mais propriamente à ordem nº 1, é que o povo, mesmo sendo soberano, está submetido às leis da natureza e da razão. Aqui, novamente, Hobbes, Espinosa e Rousseau concordam e se completam. A soberania não tem limites, mas tem "marcos"[13]. Ser soberano não é ser onipotente. O fato de o poder soberano não estar definitivamente submetido às leis da Cidade não significa que ele possa fazer qualquer coisa: ele não pode violar as leis da natureza (ninguém pode) nem as regras da razão (porque nesse caso ele desapareceria: uma democracia louca não poderia durar[14]). O povo, mesmo sendo soberano, só tem direito ao possível; é por isso que seu poder, na ordem nº 2, é limitado, do exterior, pela ordem nº 1.

O segundo ponto, interno à ordem nº 2, é que a política excede o direito. A "força da multidão", como diz Espinosa[15], não se reduz às formas institucionais da sua representação (o Parlamento, o governo, etc.): ela as funda, claro, e é o que se chama soberania, mas também as limita por todo um jogo de resistências, de contrapoderes e de relações de forças. O povo, mesmo em democracia, permanece exterior ao aparelho de Estado (ao mesmo tempo que faz evidentemente parte da ordem nº 2). O Estado só governa a multidão "na medida em que, pela força, prevalece sobre ela", como diz mais ou menos Espi-

---

13. A expressão é de Rousseau: *Contrato social*, II, 4 ("Dos marcos do poder soberano"). Esses marcos são os do bem comum e da razão. O sujeito só aliena a parte da sua liberdade "cujo uso importa à comunidade"; no entanto, precisa Rousseau, "somente o soberano é juiz dessa importância", o que impede que os "marcos" em questão valham como limites.

14. Espinosa, *Tratado político*, IV, 4.

15. *Tratado político*, p. ex., II, 17 (*multitudinis potentia*), que é melhor ler doravante na tradução Saisset-Bove, Le Livre de Poche, 2002, com uma longa e rica introdução de Laurent Bove.

nosa[16], e essa medida nunca é total nem absoluta. Pode-se resistir ao poder, mesmo que ele seja democrático, e aliás é necessário fazê-lo[17]. É isso que impede, já na ordem nº 2, que o "poder soberano" tenha absolutamente todos os direitos: isso só é verdade juridicamente, mas não politicamente; de direito, não de fato. A multidão, como diz Espinosa, as massas, como diz Marx, ou os cidadãos, como diz Alain, se opõem a isso, e devem mesmo se opor.

Enfim, o terceiro ponto que meus alunos haviam esquecido ou desconhecido, é que a moral também existe, em outras palavras, que o direito não é tudo, que a política não é tudo, que mesmo o povo não é tudo. Eles haviam esquecido que a ordem jurídico-política não é mais que uma ordem entre outras, autônoma e coerente, claro (é o que a própria idéia de soberania significa), mas também *limitada*, não interiormente (sempre se pode acrescentar uma lei a uma lei, uma força a uma força), mas *do exterior*: porque o povo soberano é tão incapaz de modificar uma exigência moral (na ordem nº 3) quanto uma verdade científica ou técnica (na ordem nº 1). Ainda que o povo

---

16. Espinosa, *Carta 50, a Jarig Jelles*. Ver também *Tratado político*, cap. III (que mostra que "o direito dos poderes soberanos é determinado por sua força", IV, 1). É por isso que, em Espinosa, nunca saímos totalmente do estado de natureza: a política permanece submetida às relações de forças que a fundam e a constituem.

17. É o que Alain, bom leitor de Espinosa, havia visto: "Resistência e obediência, eis as duas virtudes do cidadão. Pela obediência, ele garante a ordem; pela resistência, garante a liberdade" (Consideração de 7 de setembro de 1912). É por isso que a democracia não se reduz à soberania do povo: ela também é "um esforço perpétuo dos governados contra os abusos do poder" (Consideração de 20 de junho de 1909). Sem isso, não é mais democracia, mas tirania do povo: "Um tirano pode ser eleito pelo sufrágio universal, e não ser menos tirano por isso. O que importa não é [ou não é apenas] a origem dos poderes, é o controle contínuo e eficaz que os governados exercem sobre os governantes" (Consideração de 12 de julho de 1910). Essa noção de *resistência*, central em Alain, é antes de tudo espinosista: ver a esse respeito Laurent Bove, *La Stratégie du conatus. Affirmation et résistance chez Spinoza*, Vrin, 1996.

francês decidisse "soberanamente" (isto é, neste caso, ridiculamente) que o Sol gira em torno da Terra ou que os homens são desiguais em direito e em dignidade, isso não mudaria em nada a verdade (no primeiro caso) ou a justiça (no segundo) do contrário. Distinção das ordens: não se vota o verdadeiro ou o falso, nem o bem ou o mal. É por isso que a democracia não substitui nem a consciência nem a competência. E vice-versa: consciência moral (na ordem n.º 3) e competência (na ordem n.º 1) não poderiam substituir a democracia (na ordem n.º 2). A verdade não manda nem obedece. E a consciência? Ela só obedece a si e só manda em si. É sua maneira, diria Rousseau, de ser livre[18].

É o que impede que o soberano, qualquer que seja, tenha todos os direitos. A moral, do exterior, se opõe a isso.

Essa limitação da ordem n.º 2 pela ordem n.º 3 vale primeiro para os indivíduos. Há coisas que a lei autoriza e que no entanto devemos nos vedar, outras que a lei não impõe, que no entanto devemos nos impor. A moral, do ponto de vista dos indivíduos, *se soma* à lei. É como um limite positivo: a consciência de um homem de bem é mais exigente que o legislador; o indivíduo tem *mais deveres* que o cidadão.

Mas a mesma limitação também vale para os povos, em todo caso se os cidadãos (que são antes de mais nada indivíduos) permanecerem à altura das suas exigências. Um projeto de lei racista, mesmo se a Constituição o possibilitasse, seria moralmente imperativo rejeitá-lo. A moral, do ponto de vista do povo, efetua portanto uma espécie de subtração: o conjunto do que é moralmente aceitável (o legítimo) é *mais restrito* do que o conjunto do que é juridicamente cogitável (o legal, inclusive em potencial). É

---

18. *Contrato social*, I, 8 ("O impulso exclusivo do apetite é escravidão; a obediência à lei que um prescreve a si mesmo é liberdade").

como um limite negativo: o povo tem *menos direitos* (por causa da moral) do que o próprio direito lhe concede.

Vê-se que essas duas limitações passam, ambas, pelos indivíduos. É que somente eles existem (nominalismo). Sem eles, o povo não passa de um mito; a sociedade, de uma abstração; o Estado, de um monstro.

A democracia – a não ser que não passe de uma tirania da maioria – é, assim, definitivamente um encargo dos cidadãos.

"Não se vota o bem e o mal..." Eu havia utilizado essa fórmula, anos atrás, num debate na tevê. O sociólogo Alain Touraine, que participava do programa, objetou-me: "Vota-se o bem e o mal, sim: é o que se chama *lei*!" Eu havia simplesmente respondido: "Moral de sociólogo." Mas essa moral, se levada a sério, seria imoral. Supondo-se que um voto majoritário, numa democracia, decrete que o racismo é válido, o que isso mudaria quanto à evidência moral (para todos os anti-racistas) do contrário?

Não sei se as leis antijudaicas de Vichy eram juridicamente válidas. Cabe aos historiadores e aos juristas se pronunciarem a esse respeito. Mas eram imorais, e sem outro efeito, na ordem nº 3, senão o de justificar que fossem desobedecidas e combatidas.

Votar o verdadeiro e o falso? Não seria mais democracia, mas sofística.

Votar o bem e o mal? Não seria mais democracia, mas niilismo.

Que este e aquela ameaçam nossas democracias, está mais do que claro. Há pelo menos três razões para resistir a ambos: amor à verdade, à liberdade e à humanidade. Racionalismo, laicidade, humanismo. É o que se chamam Luzes, não?

Três razões: uma para cada ordem, mas não *em* cada ordem. A verdade não ama a si mesma (senão seria Deus) e as ciências não demonstram que seja necessário amá-la. O amor à liberdade não está submetido à democracia: uma maioria totalitária nunca impedirá que os espíritos livres amem a liberdade. O amor à humanidade, enfim, não é um dever (não se ordena o amor, nota Kant[19]). É por isso que essas três ordens não bastam: tornarei sobre isso num instante. Mas primeiro uma palavra sobre a ordem da moral.

Essa ordem é estruturada internamente pela oposição entre o bem e o mal, entre o dever e o proibido. O que é a moral? Para abreviar, responderei com Kant: a moral é o conjunto dos nossos deveres – o conjunto, para dizer com outras palavras, das obrigações ou das proibições que impomos a nós mesmos, não necessariamente *a priori* (ao contrário do que queria Kant), mas independentemente de qualquer recompensa ou sanção esperada, e até de qualquer esperança[20]. É o conjunto do que vale ou se impõe incondicionalmente, para uma consciência.

Essa moral, quanto à sua origem, é histórica, cultural, logo também relativa: ela é o conjunto das normas que a humanidade criou (de maneira ao mesmo tempo diferente e convergente em todas as civilizações do globo) para resistir à selvageria de que se originou e à barbárie que, de dentro, não pára de ameaçá-la. Mas nem por isso ela deixa de funcionar, subjetivamente, como um absoluto: moralmente, há o que devo fazer (o dever) e o que não devo fazer (o proibido, que nunca é mais que um dever negativo). É por isso

---

19. "O amor aos homens é possível, na verdade, mas não pode ser ordenado, porque não está ao alcance de nenhum homem amar alguém simplesmente por ordem" (*Crítica da razão prática*, "Dos móveis da razão pura prática", p. 87 da trad. Picavet, PUF, 1971). Ver também a *Doctrine de la vertu*, introd., XII, c, pp. 73-4 da trad. Philonenko, Vrin, 1968.

20. Sobre a questão do estatuto da moral, que não posso tratar aqui, ver o capítulo IV do meu *Traité du désespoir et de la béatitude*, PUF, 1984 e 1988, reed. col. "Quadrige", 2002 [*Viver*, cap. 1, São Paulo, Martins Fontes, 2000].

que a moral não é tudo (muitas ações, felizmente, não dependem dela: elas não são nem moralmente proibidas, nem moralmente exigíveis). É por isso que ela tampouco é nada.

Coloca-se no entanto a questão de saber se é preciso limitar por sua vez essa terceira ordem, e com o quê.

Limitá-la, parece-me, não é a palavra que convém. Das duas primeiras ordens, devemos temer o pior. Da moral, se ela for bem compreendida, não. Vê-se perfeitamente o que poderia ser um canalha legalista, na ordem nº 2, um canalha competente e eficiente, na ordem nº 1... Tenho certa dificuldade para ver o que seria um canalha moral, na ordem nº 3. Talvez vocês imaginem que há muitos canalhas moralizadores... Concedo-lhes integralmente esse ponto. Mas, precisamente, é essencial à moral que não seja a mesma coisa ser *moral* e ser *moralizador*. A diferença é tão simples que, às vezes, nem dá para perceber. A diferença é a seguinte: ser moral é cuidar do seu dever; ser moralizador é cuidar do dever dos outros – o que é muito mais fácil, admito, muito mais agradável, mas completamente diferente. Alain dizia: "A moral nunca é para o vizinho." Ele tinha razão. Dizer ao vizinho "Você deve ser generoso" não é dar prova de generosidade. Dizer ao vizinho "Você deve ser corajoso" não é dar prova de coragem. Ora, ser moralizador é exatamente cuidar da moral do vizinho. Não é moral, portanto. É o que distingue a "ordem moral", no sentido de Mac-Mahon ou dos puritanos, do que chamo de ordem da moral. Quando a "ordem da moral" ameaça, o que pode acontecer, é que ela deixou de ser moral para se tornar moralizadora.

Se vocês me concederem essa distinção, hão de me conceder, creio, que dá para perceber perfeitamente o que pode ser um canalha moralizador, mas muito mal o que seria um canalha moral; e que, nesse sentido, essa ordem da moral não precisa ser limitada, em todo caso não no mesmo sentido que as duas precedentes, no sentido que se poderia esperar o pior dela.

Em compensação, se ela não precisa ser *limitada* (como se fosse possível ser moral *demais*), ela necessita ser *completada* – porque em si mesma a moral é insuficiente. Imaginem um indivíduo que cumpriria sempre com o seu dever, mas que *só* faria o seu dever. Não seria um canalha, é claro, mas não seria ele o que em nossa cultura, com ou sem razão historicamente, chamamos de um *fariseu*? Um fariseu, isto é, aquele que sempre respeita a letra da lei moral, mas costuma-se considerar que lhe falta sempre alguma coisa, que lhe falta uma dimensão, como se diz, ou mesmo que talvez lhe falte o essencial. O que falta ao fariseu? Dois mil anos de civilização cristã, talvez até três mil anos de civilização judaico-cristã, nos respondem com uma clareza e uma insistência notáveis o que falta ao fariseu: é, evidentemente, o amor. É por isso que creio ser importante marcar pelo menos o lugar – nem que ele devesse ficar em boa parte vazio – de uma quarta ordem, que proponho (apoiando-me numa distinção terminológica que a língua sugere) chamar de *ordem ética*: a *ordem do amor*.

4. A ORDEM ÉTICA

É uma pura e simples convenção terminológica. Em francês, como vocês sabem, as duas palavras *moral* e *ética* são perfeitamente intercambiáveis. Mas uma palavra não vale como conceito. Por certo número de razões filosóficas sobre as quais não tenho tempo de me estender aqui (mas pensando primeiro, é claro, em Kant e em Espinosa[21]), ad-

---

21. Ver meu artigo "Morale ou éthique?", *Valeur et vérité*, PUF, 1994, pp. 183-205. Ver também a conferência "Éthique, morale et politique", que eu havia

quiri o hábito de utilizar as duas palavras, que a língua nos oferece, para designar duas realidades diferentes: proponho, embora à custa de simplificar muito, entender por "moral" tudo o que se faz por dever e por "ética" tudo o que se faz por amor. Donde essa quarta ordem, menos para limitar a ordem da moral (o amor e a moral quase sempre nos estimulam às mesmas ações) do que para completá-la ou para abri-la, se me permitem a expressão, por cima: a ordem ética, a ordem do amor.

Essa quarta ordem é estruturada, internamente, pela oposição entre a alegria e a tristeza. "Amar", já dizia Aristóteles, "é regozijar-se"[22]. É o que Espinosa confirmará e completará: "O amor é uma alegria que a idéia de uma causa exterior acompanha; o ódio é uma tristeza que a idéia de uma causa exterior acompanha."[23] Vale dizer que essa ordem ética é estruturada pelo próprio desejo, na dupla determinação (natureza/cultura) e na dupla polarização (prazer/sofrimento, alegria/tristeza) da sua potência de agir[24]. É onde Freud e Espinosa se encontram. Mas já falei suficientemente disso em outra ocasião[25] para não ter de voltar ao tema.

A questão que se coloca, para essa ordem como para as outras, é muito mais a do seu limite ou da sua incom-

---

pronunciado para o Groupe de Recherche pour l'Éducation et la Prospective e cujo texto foi publicado no n? 9-10 da revista *Parcours*, Les Cahiers du GREP Midi-Pyrénées, Toulouse, 1994, pp. 199-256.

22. *Ética a Eudemo*, VII, 2, 1237 a 37-40 (p. 162 da trad. Décarie, *Éthique à Eudème*, Vrin, 1984).

23. *Ética*, III, definições 6 e 7 dos afetos.

24. *Ibid.*, escólio da prop. 9 e definições 1 a 3 dos afetos, com as respectivas explicações.

25. Ver especialmente o capítulo 18 do meu *Pequeno tratado das grandes virtudes*. Sobre o problema específico e decisivo da relação Espinosa-Freud (isto é, no caso, sobre o uso que um leitor de Freud pode fazer de Espinosa), ver meu artigo "Spinoza contre les herméneutes", *Une éducation philosophique*, PUF, 1989, pp. 245-64 ["Espinosa contra os hermeneutas", *Uma educação filosófica*, São Paulo, Martins Fontes, 2001, pp. 293-316].

pletude. Deve-se limitar, completar por sua vez essa quarta ordem e com o quê?

Responderei primeiro que não vejo muito bem o que eu poderia pôr acima do amor, para limitá-lo ou completá-lo. Mas é que também não creio em Deus... Um crente poderia perfeitamente (e, aliás, do seu ponto de vista parece-me que deveria) propor uma quinta ordem, que poderíamos chamar de ordem sobrenatural, ordem divina, que viria coroar o conjunto e assegurar sua coesão. Não contesto, acreditem, que às vezes isso é bem cômodo... Direi simplesmente que, por não ter fé, é uma possibilidade que não posso fazer minha. Acrescentarei, para ser totalmente sincero, que isso não me faz muita falta. O amor infinito (se não o limitamos, só arriscamos, na pior das hipóteses, que ele seja infinito...) não tem por que ser temido. Por duas razões: a primeira é que não se poderia nos desejar nada melhor que o amor infinito; a segunda é que, cá entre nós, não é o amor infinito propriamente o que nos ameaça...

"A única medida do amor", dizia Santo Agostinho, "é amar desmedidamente." Estamos longe disso, quase todos, quase sempre. O amor, mal saímos do círculo dos próximos, no mais das vezes, só brilha por sua ausência. Ele brilha, mas de longe: ele nos ilumina, é o que se chama um valor, tanto mais, porém, talvez, quanto mais falta faz. Isso me faz pensar no que Alain escrevia a propósito da justiça: "A justiça não existe; é por isso que é preciso fazê-la." Eu diria a mesma coisa do amor, em todos os sentidos da palavra *fazer*... O amor, para quase todos, é o valor supremo. O que não é uma razão para se iludir quanto à sua realidade. Melhor para os que o acreditam infinito e onipotente, em Deus. Os outros, eu entre eles, nem por isso amam menos o amor. Eles sabem que nunca terão amor demais, nem mesmo bastante. Eles se consolam disso como podem, ou melhor, fazem tudo para não se consolar inteiramente. Mas todos, crentes e descrentes, devem habitar, pelo menos neste mundo, a finitude do amor, logo (já que ele se pretende infinito) sua incompletude também; é o que se chama ética, e que a torna necessária.

É nessa quarta ordem, vocês devem ter entendido, que se encontram os três amores que eu evocava há pouco: o amor à verdade, o amor à liberdade, o amor à humanidade ou ao próximo. O amor intervém portanto nas ordens precedentes mas sem aboli-las, e muito mais como motivação (para o sujeito) do que como regulação (para o sistema). A economia, aliás, bastaria para prová-lo: o amor ao dinheiro ou ao bem-estar tem seu papel, é claro, mas não basta para proporcionar nem um nem outro. Do mesmo modo, o amor à verdade pode ser uma motivação, na ordem nº 1 (especialmente para os cientistas), mas não substitui a demonstração – como tampouco o amor à liberdade, na ordem nº 2, basta à democracia. O amor ao próximo? Ele só tomaria o lugar da moral, supondo-se que possa existir sem ela, se reinasse, o que está longe de acontecer. Por isso necessitamos dessas quatro ordens ao mesmo tempo, em sua independência pelo menos relativa (cada uma tem sua lógica própria) e sua interação (uma não pode funcionar sem as outras). As quatro são necessárias; nenhuma é suficiente.

III
O capitalismo é moral?

Todos nós nos vemos confrontados com essas quatro ordens comuns (deixando a eventual quinta ordem à fé ou à não-fé de uns e outros), que resumo: a *ordem tecnocientífica* (ou econômico-tecnocientífica), estruturada internamente pela oposição entre o possível e o impossível, mas incapaz de se limitar por si mesma; limitada portanto do exterior por uma segunda ordem, a *ordem jurídico-política*, a qual é estruturada internamente pela oposição entre o legal e o ilegal, mas tão incapaz quanto a precedente de se limitar por si mesma; limitada portanto, por sua vez, do exterior por uma terceira ordem, a *ordem da moral* (o dever, o proibido), a qual é completada, "aberta por cima" para uma quarta ordem, a *ordem ética*, a ordem do amor.

1. MORAL E ECONOMIA

Em que essa distinção das ordens, que acabo rapidamente de construir ante vocês, me permite responder à minha questão-título: "O capitalismo é moral?"

Ela me permite responder o seguinte: pretender que o capitalismo é moral, ou até querer que ele o seja, seria pretender que a ordem nº 1 (a ordem econômico-tecnocientífica) está intrinsecamente submetida à ordem nº 3 (ordem da moral), o que me parece *excluído pelo tipo respectivo de estruturação interna delas*. O possível e o impossível, o possivelmente verdadeiro e o certamente falso nada têm a ver com o bem e o mal.

É o que torna o cientificismo, logo também o economicismo, particularmente temíveis, tanto mais quanto mais as ciências e as técnicas progridem. "A verdade sem caridade não é Deus", dizia Pascal[26]. Nem por isso ela é menos verdadeira, mas é menos humana: é sempre legítimo buscá-la, nunca aceitável contentar-se com ela. É sabido desde Rabelais: "Ciência sem consciência é ruína da alma." De resto, as ciências não são a verdade (elas são tão-só o conhecimento, sempre parcial e relativo, que dela temos), e o cientificismo não é a ciência: ele é tão-só a ideologia (como tal, não científica) que gostaria que as ciências bastassem a tudo, em particular que tomassem o lugar da moral. Rejeitar o cientificismo não é rejeitar as ciências; é rejeitar deixar-se iludir por elas. Rejeitar o tecnocratismo não é condenar a técnica; é rejeitar abandonar-se a ela.

Isso é válido notadamente para a economia. As ciências não têm moral; as técnicas tampouco. Por que a economia, que é ao mesmo tempo uma ciência e uma técnica, teria?

Alguns exemplos para ilustrar esse ponto.

Um contador lembra ao seu cliente que 2 mais 2 são 4... Imaginem a cara que o contador faria se o cliente lhe respondesse: "Pois é, é o que dizem; mas você acha que isso aí é moral?" Considerando-se como a vida é difícil, se 2 mais 2 fossem 5 seria de fato mais vantajoso para todo o mundo, pelo menos em certos casos... O contador porém verá a coisa de outro jeito. Responderá mais ou menos o seguinte: "Que história é essa? Não estou fazendo moral,

---

26. *Pensamentos*, 926-582.

estou fazendo aritmética, e em aritmética não há moral." O grande lógico Carnap dizia, no início do século XX: "Na lógica, não há moral." Tinha razão. Em aritmética tampouco.

Vocês convidam um físico para uma conferência-debate. Ele explica a grande equação de Einstein, $E = mc^2$, a energia é igual ao produto da massa pelo quadrado da velocidade da luz... Imaginem a cara dele se um de vocês objetasse: "Pois é, é o que dizem; mas você acha que isso aí é moral? Basta pensar que foi isso que levou às bombas atômicas." O físico responderia: "Não estamos falando da mesma coisa. Não estou fazendo moral, estou fazendo física. Na física não há moral!"

Vocês conferem a previsão do tempo, uma bela noite, na televisão. Digamos que faz seis semanas que não pára de chover. Eis que o homem ou a moça do tempo diz num tom todo satisfeito: "Amanhã vai fazer sol!" E acrescenta: "Isso é verdade porque, com a água que caiu nestas últimas seis semanas, se chovesse de novo amanhã seria imoral!" Vocês comentariam: "Ele pirou de vez!" Porque vocês todos sabem muito bem que em meteorologia não há moral.

Não há moral na aritmética, não há moral na física, não há moral na meteorologia... Por que haveria em economia?

Entendo perfeitamente por que todo o mundo gostaria que houvesse... Foi o que uma senhora objetou, com muita virulência, alguns anos atrás, depois de uma das minhas conferências sobre o tema. Foi em Namur, na Bélgica, poucos meses após o fechamento da fábrica Renault de Vilvoorde. Nossos amigos belgas estavam singularmente furiosos contra o capitalismo em geral, e francês em particular... Eu havia usado, na minha exposição, os três exemplos que acabo de evocar. No debate, uma mulher pega o microfone, furiosa comigo, e protesta: "O que você disse é escandaloso! Você confunde coisas que não têm nada a ver!" E explica: "A aritmética são números; a física são partículas;

a meteorologia são massas de ar, pressões... A economia são homens e mulheres! É totalmente diferente!"

Respondi: tudo bem, vamos pegar outro exemplo. Imaginem um empresário, por exemplo da indústria de alimentos, dono de uma fábrica de guloseimas, digamos, que pensa num investimento para a sua empresa... Para tomar a decisão nas melhores condições, chama um consultor. "Estou pensando num investimento, pesado para a minha empresa, mas que acredito possa ser decisivo para os dez anos vindouros", explica ao consultor. "Por que o chamei? Porque, para tomar minha decisão, especialmente para fazer meus cálculos de amortização e de rentabilidade, preciso saber como vai evoluir a cotação do cacau nos próximos dez anos." Imaginem a cara do empresário se o consultor lhe respondesse:

"Se é isso, é fácil! Não há como a cotação do cacau não subir sensivelmente."

"Ah, é? Por quê? O que lhe permite ser tão taxativo?"

"É simples", responde o consultor. "Ela está tão baixa há tanto tempo que, se não subisse, seria imoral!"

A conversa com o consultor pararia aí ou, se ele fosse um assalariado da empresa, provavelmente seria posto em licença médica prolongada... Porque estaria claro que ele tinha pirado. Porque no fundo todos nós sabemos que a moral nunca fez subir ou baixar um só centavo a cotação do cacau, ou a de qualquer outra mercadoria. E que, nesse sentido, na economia tampouco há moral.

A economia são homens e mulheres, é verdade; mas ela não obedece a nenhum deles, nem mesmo à soma deles. O fato de todo o mundo querer o crescimento nunca bastou para impedir uma recessão. O fato de todo o mundo querer a prosperidade nunca bastou para impedir a miséria. Como a economia poderia ser moral, se ela não tem vontade nem consciência? Não existe uma "mão invisível", que seria a mão do mercado (isso, em Adam Smith, não passava evidentemente de uma metáfora), muito menos ainda uma vontade oculta: só há, como dizia Althusser[27], "processos sem Sujeito nem Fim(ns)." Essa fórmula costuma ser mal entendida: acredita-se que ela despreze o papel dos indivíduos. Ledo engano. Ela significa simplesmente que a história não é uma *pessoa*, que ela não é portanto dotada de vontade e não persegue nenhum fim. Isso não é um motivo para que o indivíduo pare de querer e de agir! Mesma coisa no caso da economia. Ela não é uma pessoa, que teria sua vontade, suas preferências, seus fins. Como teria uma moral? Cabe a nós, que sem dúvida somos sujeitos, ser morais, aqui e agora, sem sonhar que a economia, enquanto processo, se torne moral!

Objetarão que a economia postula que os indivíduos têm um comportamento racional: que cada um deles tende a maximizar seu bem-estar. Já não é um enfoque moral? Não. Primeiro porque se trata de interesse, e não de dever; depois porque nem sempre o que é racional é razoável; enfim, e sobretudo, porque um comportamento racional nem por isso é virtuoso. Um assassino pode ter um comportamento racional (tender a maximizar seu bem-estar), mas não é menos culpado por isso.

Eu poderia multiplicar os exemplos. Por que saímos da inflação, durante a década de 80? Os economistas discutem a resposta; eles propõem várias explicações possíveis, por sinal muito mais complementares do que opostas. Mas há uma explicação que nenhum economista nunca propôs e nunca proporá: a que pretende que tenhamos saído da inflação, nos anos 80, por razões morais. E, no entanto, é isso o que mais me interessa neste último exem-

---

27. Louis Althusser, "Remarque sur une catégorie: 'Procès sans Sujet ni Fin(s)'", in *Réponse à John Lewis*, Maspero, 1973, pp. 69-76.

plo, todos nós tínhamos excelentes razões morais para querer sair da inflação. Sim. Mas todos nós sabemos que não foi por razões morais que saímos.

Minha tese é radical portanto: nessa primeira ordem (a ordem econômico-tecnocientífica) nada nunca é moral. E, com isso, nada nunca é, a rigor, imoral. Para poder ser imoral, tem de poder ser moral. Vocês e eu podemos ser imorais porque podemos ser morais. A chuva que cai nunca é nem moral nem imoral. Só as criancinhas pequenas é que acreditam que a chuva é boazinha, ao fazer as flores e as verduras crescerem, e malvada, ao produzir inundações ou não as deixar jogar bola... Nós sabemos muito bem, no entanto, que a chuva nunca é nem boazinha nem malvada, nem moral nem imoral: ela está submetida a leis, a causas, a uma racionalidade imanente, que não tem nada a ver com nossos juízos de valor. A mesma coisa vale, é claro, para as cotações do petróleo e do euro: elas não dependem de maneira nenhuma da moral, mas sim do andamento geral da economia, das relações de forças (inclusive de forças políticas: a potência americana, por exemplo, também é um dado da ordem nº 1) na escala do mundo, enfim da lei da oferta e da procura. Elas não têm dever. Elas se contentam com cumprir sua função, se ouso dizer, de matéria-prima ou de moeda.

Isso não impede que fatores psicológicos possam intervir (e intervêm necessariamente) na economia. Todo mercado, por exemplo, necessita de confiança. Mas essa *confiança* é um fenômeno psicológico e sociológico, que pertence a esse título à ordem nº 1 (é um objeto possível para as ciências humanas), e não à moral. Aliás, ela afeta menos os indivíduos do que o próprio mercado. Quando compro uma roupa ou um carro, não preciso conhecer pessoalmente o fabricante ou o vendedor, muito menos ser capaz de julgar (quem o é?) a moralidade deles. O estado do mercado (inclusive em sua dimensão jurídica, que vem limitá-lo do exterior) me inspira uma confiança suficiente para autorizar minha compra. Aquele comerciante é um mau sujeito? Sei lá. Não tenho que saber. E isso não me impedirá de fazer com ele negócios corretíssimos. É um santo? Também não sei, e isso também não me impedirá de fazer com ele, quem sabe, compras pouco judiciosas. Que a gente evita comprar o que precisa de um vigarista notório, é óbvio; mas essa obviedade é econômica, e não moral (estou apenas agindo de acordo com o meu interesse), o que explica aliás que a maioria dos vigaristas notórios já tenham sido eliminados pelo próprio mercado. O mercado necessita de confiança; ele pune os que a traem. Mas essa confiança e essa punição – que é, por sinal, o que o faz ser tão eficiente – não decorrem da moral. Elas decorrem do mercado (ou, quando o mercado não basta, do direito). É bom que seja assim. Se fosse preciso ser capaz de julgar o valor humano de cada comerciante antes de fazer suas compras, que restaria do comércio?

Nessa primeira ordem, nada nunca é moral, nada nunca é imoral, porque tudo é *amoral* – dando ao prefixo *a* seu sentido puramente privativo. As ciências não têm moral, dizia eu. O objeto delas tampouco. Isso vale também, notemos de passagem, para a própria moral, considerada como objeto. É evidentemente possível uma ciência dos costumes que incluiria um estudo científico (sociológico, psicológico, histórico…) das representações morais. Mas essa ciência consideraria a moral como um fato, que ela poderia explicar (por causas) mas não julgar (referindo-se a valores). Foi o que percebeu Wittgenstein, em sua *Conferência sobre a ética*. Um livro, mesmo se infinito, que contivesse a descrição completa do mundo, logo o conjunto de todas as proposições verdadeiras, descreveria notadamente o conjunto dos nossos juízos de valor. Mas não os julgaria. "Só haveria nele fatos, fatos – fatos, mas não moral."[28] Conhecer não é julgar: a moral não tem pertinência alguma para descrever ou para explicar nenhum processo que se desenrole nessa primeira ordem.

Isso vale em particular para a economia, que faz parte dessa primeira ordem, logo para o capitalismo.

O que é a economia? É ao mesmo tempo uma ciência (*economics*, em inglês) e o objeto que ela estuda (*the economy*): é tudo o que diz respeito à produção, ao consumo e à troca de bens materiais – mercadorias ou serviços –, tanto na escala dos indivíduos e das empresas (microeconomia), como na escala da sociedade ou do mundo (macroeconomia). A economia de mercado é apenas um caso particular dela. O mercado é o encontro da oferta e da procura. A economia de mercado é a que se submete livremente (pela mediação da moeda e condicionada pela concorrência) a esse encontro, logo à lei da oferta e da procura. Concretamente, isso significa que toda mercadoria tem um preço, claro que flutuante, o qual basta, do ponto de vista econômico, para medir seu valor. Isso tem como conseqüência que tudo o que não se pode vender – tudo o que não tem preço – escapa à economia, mas também é incapaz, por isso mesmo, de governá-la. A cotação do cacau, para ficar com esse exemplo, é submetida à lei da oferta e da procura. A moral não tem nada com isso. E a economia, por sua vez, também não tem nada a ver com a moral. O fato de todo indivíduo, de um ponto de vista moral, ter o direito de matar a fome não diz nada sobre os meios econômicos para matá-la.

Distinção das ordens. Não é a moral que determina os preços; é a lei da oferta e da procura. Não é a virtude que

---

28. Ludwig Wittgenstein, *Leçons et conversations*, Gallimard, col. "Idées", 1982, p. 146 (trad. J. Fauve, que modifico ligeiramente).

cria valor; é o trabalho. Não é o dever que rege a economia; é o mercado. O capitalismo, é o mínimo que podemos dizer, não é exceção. À minha questão-título: "O capitalismo é moral?", minha resposta é, portanto: não. Mas é necessário precisá-la, claro (não estou dizendo matizá-la): o capitalismo não é moral; mas também não é imoral; ele é – e é total, radical, definitivamente – *amoral*.

Tiro daí uma primeira conclusão que me parece importante: se quisermos que exista moral numa sociedade capitalista (ora, tem de haver moral numa sociedade capitalista também), essa moral, como em toda sociedade, só pode vir de outra esfera que não a economia. Não contem com o mercado para ser moral no lugar de vocês!

2. O ERRO DE MARX

Essa amoralidade intrínseca do capitalismo não basta para condená-lo. Primeiro porque sua amoralidade é a amoralidade, em geral, da economia, de que não podemos nos privar. Depois porque, que eu saiba, não temos mais um modelo alternativo credível para opor ao capitalismo. Enfim, como a gente percebe melhor *a posteriori*, porque é ela que faz a força do capitalismo, pelo menos em parte, na sua rivalidade com o socialismo marxista, sempre cativo da exigência ao menos inicial de moralidade. Forçoso é constatar que a racionalidade imanente e amoral do capitalismo venceu a moralidade pretensamente racional e transcendente (pois vinda de outra ordem: da ordem política) do socialismo dito científico.

O objetivo de Marx, no fundo, era moralizar a economia. Ele queria que a ordem nº 1 fosse enfim submetida à ordem nº 3. É o que se joga, na sua obra, em torno das noções de alienação e de exploração. Essas noções estão no limiar entre a economia e a moral; é que elas asseguram a passagem de uma à outra. Marx queria acabar com a injustiça, não por uma simples política de redistribuição, cujos limites ele percebia muito bem, muito menos ainda contando com a consciência moral dos indivíduos, na qual não acreditava, mas inventando outro sistema econômico que tornaria enfim os seres humanos economicamente iguais. Moralmente, não poderíamos dizer que estava errado. Mas, economicamente, como seria possível? A fraqueza de Marx está em que ele não tem os meios antropológicos da sua política. Ora, sua antropologia é justa. Como bom materialista, ele acredita que os homens são movidos, antes de mais nada, por seu interesse ou pelo que julgam ser seu interesse. Vai mais longe até do que eu, pessoalmente, iria: "Os indivíduos perseguem *unicamente* seu interesse particular, o qual, aos olhos deles, não coincide com seu interesse comum."[29] Mas então por que se submeteriam a este? E se não o fazem, que resta do comunismo? É aí que encontramos a dimensão utópica do marxismo[30]. Para que o comunismo, tal como Marx o concebeu, tivesse uma chance de triunfar, era necessária pelo menos uma coisa: que os homens parassem de ser egoístas e pusessem enfim o interesse geral acima do seu interesse particular. Se se chegasse lá, o comunismo teria uma chance de triunfar. De outro modo, não. Era inevitável portanto que ele fracassasse (é fácil dizer *a posteriori*, admito, mas como estamos mesmo *a posteriori*, vamos aproveitar...), já que os homens são egoístas e sempre colocam, no geral, seu inte-

---

29. *L'Idéologie allemande*, I, Bibliothèque de la Pléiade, t. III, p. 1064 (grifo de Marx). Claro, Marx se esforçará para "dialetizar" essa oposição: ver *ibid.*, II, pp. 1203 ss.
30. Já me expliquei demoradamente sobre isso no meu *Traité du désespoir et de la béatitude*, *op. cit.*, cap. II, seção 5 [*Tratado do desespero e da beatitude*, *op. cit.*, *ibid.*].

resse particular acima do interesse geral. Por isso, também era mais ou menos inevitável que o comunismo se tornasse totalitário, já que foi preciso impor pela coerção o que a moral logo se mostrou incapaz de obter. É assim que se passa da bela utopia marxista, no século XIX, ao horror totalitário que todos conhecem, no século XX. Era preciso renunciar ao sonho ou transformar a humanidade. Empreendeu-se então sua transformação (propaganda, lavagem cerebral, campos de reeducação, hospitais psiquiátricos...), e foi o fracasso sangrento que sabemos.

A jogada genial do capitalismo, ao contrário – ou melhor (já que ninguém a inventou), sua lógica própria, sua essência atual e ativa, como diria Espinosa, sua potência intrínseca (seu conato[31]), está em não pedir aos indivíduos, para que ele possa funcionar mais ou menos, nada além de serem exatamente o que são: "Sejam egoístas, cuidem do seu interesse, se possível de forma inteligente, e não é que tudo correrá às mil maravilhas no melhor dos mundos possíveis, o que não passa de um sonho, mas de maneira mais ou menos aceitável no mais eficaz dos mundos econômicos reais, que é o mercado." Pensemos na fórmula de Guizot, pela qual tantas vezes e tão tolamente o desancaram: "Enriqueçam!" Fórmula antipática, eu sei, mesmo quando citada integralmente[32], mas que nem por isso deixa de ser bem verdadeira, ou melhor (porque uma injunção não é verdadeira nem falsa), que aponta muito bem o espírito do capitalismo: ele não precisa ser simpático para existir, nem para triunfar.

---

31. Ver *Ética*, III, prop. 6 e 7, com as demonstrações. Sobre a aplicação dessa noção à vida social e política, ver o prefácio que Laurent Bove redigiu para o *Tratado político* de Espinosa, *op. cit.*

32. "Enriqueçam pelo trabalho e pela poupança." A fórmula, muitas vezes citada, talvez seja apócrifa (ver G. de Broglie, *Guizot*, Perrin, 1990, pp. 333-4).

O erro simpático e nefasto de Marx, ao contrário, e apesar das suas denegações positivistas ou cientificistas, foi no fundo o de querer erigir a moral em economia. Acabar com a exploração do homem pelo homem, com a alienação, com a miséria, com as classes sociais, com o próprio Estado, oferecer a todo indivíduo, qualquer que seja seu talento ou seu ofício, a plena satisfação das suas necessidades (é a célebre fórmula da *Crítica do programa de Gotha*, que caracterizava o comunismo pelo princípio "de cada um segundo as suas capacidades, a cada um segundo as suas necessidades!" – e não mais, como no socialismo, "a cada um segundo seu trabalho"), fazer, daqui até lá, que a riqueza vá enfim, prioritariamente, aos que trabalham, e não aos que possuem, aos que carecem de tudo (os proletários), e não, como no capitalismo, aos que já são ricos, enfim proporcionar desde já, e cada vez mais, o reino da justiça e da igualdade... Moralmente, não se poderia sonhar nada melhor. Mas por qual milagre a economia poderia conseguir isso? Seria o ideal. Mais uma razão, diria um espírito lúcido, para não acreditar na sua realização.

3. O BEZERRO DE OURO

Não é uma razão para jogar Marx no lixo. Sua visão do comunismo é obsoleta. Sua análise do capitalismo continua sendo, sob muitos aspectos, uma das mais esclarecedoras.

Muito menos é uma razão para se adorar o capitalismo. Mais vale pensá-lo na sua verdade – o que, aliás, basta para dissuadir de crer nele (no sentido quase religioso da palavra).

O que é o capitalismo? Vou propor duas definições, ambas pertinentes e complementares.

A primeira, que é clássica, é mais descritiva e estrutural: ela diz como o capitalismo é feito. É a definição de

Marx, mas que apenas retoma ou prolonga a da economia clássica inglesa. De um ponto de vista descritivo ou estrutural, vamos dizer que *o capitalismo é um sistema econômico baseado na propriedade privada dos meios de produção e de troca, na liberdade do mercado e no trabalho assalariado* (esta última característica nada mais é que a aplicação das duas primeiras ao mercado de trabalho: é nisso que o capitalismo é o triunfo da economia de mercado). Os que possuem a empresa (os acionistas) vão portanto fazer trabalhar – com base num contrato voluntário e em troca de um salário – os que não a possuem (os assalariados). Os acionistas só têm interesse em firmá-lo porque os trabalhadores produzem mais valor do que recebem (seu salário): é o que Marx chama de mais-valia. Por sinal, isso continua sendo válido num país socialista: os que trabalham têm de produzir mais valor do que consomem, já que nem todo o mundo produz, ao passo que todos (inclusive as crianças, os aposentados, os doentes…) consomem, já que é necessário investir e arcar com despesas não produtivas da vida social (por exemplo, a justiça ou as forças armadas). O que é próprio do capitalismo não é a produção de mais-valia pelos que trabalham, é sua apropriação, pelo menos parcial, pelos que possuem os meios de produção. Isso não impede os capitalistas de também trabalharem, se quiserem (é o que fazem os patrões proprietários); mas eles não são obrigados a fazê-lo. Isso não impede que os assalariados também possuam ações da empresa em que trabalham, se puderem; mas não deixam de ser assalariados com isso. A oposição entre o capital e o trabalho, independentemente do que ocorra com estes e aqueles (que o empresário seja dono da empresa ou não, que haja ou não acionistas assalariados), continua sendo real: ela é essencial ao capitalismo.

Conseqüência prática? Para o problema que nos ocupa, ela adquire primeiramente a forma de uma tautologia: a empresa pertence a quem ou aos que a possuem. Mas há tautologias temíveis. Se a empresa pertence aos que a possuem (os acionistas), ela está portanto legalmente a serviço deles: propriedade é uso. Portanto o MEDEF* diz bobagem, o CJD* diz bobagem, quando tentam nos fazer crer que a empresa está a serviço dos seus clientes e dos seus assalariados: isso não pode ser verdade, pois ela está a serviço dos seus acionistas!

Carreguei um pouco nas cores para me fazer compreender e porque já estou cheio do socialmente correto. Claro que a empresa *também* está a serviço dos seus clientes! Mas por que motivo? Porque a única maneira de satisfazer ao acionista é, evidentemente, satisfazer o cliente! Mas, que eu saiba, num país capitalista, não é para satisfazer o cliente que se quer satisfazer o acionista. É nitidamente o contrário: é para satisfazer o acionista que se quer satisfazer o cliente (inclusive vendendo-lhe, se a este aprouver, produtos que lhe fazem mal: fumo, álcool, programas de televisão idiotizantes...). Claro que a empresa, pelo menos parcialmente, também está a serviço dos seus assalariados! Mas por que motivo? Porque a única maneira de satisfazer duradouramente o cliente, logo o acionista, é evidentemente satisfazer, pelo menos em parte, os assalariados! Mas, por favor, não tentem nos fazer crer que se trata de uma nova Santíssima Trindade, em que as três "Pessoas" estariam no mesmo plano de igualdade! Não é verdade, nunca foi verdade, nunca será: num país capitalista, os assalariados estão a serviço dos clientes, que são postos a serviço do acionista.

---

* Mouvement des Entreprises de France [Movimento das Empresas da França]. (N. do T.)

* Centre des Jeunes Dirigeants d'Entreprise [Centro dos Jovens Dirigentes Empresariais]. (N. do T.)

É o que se chama comércio. Se vocês não gostam disso, nem por isso tentem enojar os outros.

De resto, o sistema já vem sendo posto à prova há bastante tempo para que ainda seja preciso inventar falaciosas justificativas morais para ele. Um sistema econômico é feito para criar riqueza, se possível com o menor custo social, político e ecológico. Desses três pontos de vista, o capitalismo superou amplamente – apesar dos seus pesares e, às vezes, graças a eles – o coletivismo. Ponto. O erro seria crer que baste a riqueza para fazer uma civilização, ou mesmo uma sociedade humanamente aceitável. É por isso que necessitamos também do direito e da política. E como a política e o direito também não bastam, é necessária além disso a moral, o amor, a espiritualidade... Não peçamos à economia para fazer as vezes deles!

Chego à minha segunda definição. Ela não é mais descritiva, e sim funcional: ela não diz como o capitalismo é feito, mas para que serve. De um ponto de vista funcional, proponho-lhes a seguinte definição: *o capitalismo é um sistema econômico que serve para produzir, com riqueza, mais riqueza*. Estou apenas retomando uma das definições canônicas do que é um capital: riqueza criadora de riqueza. Se você tem um milhão de euros, em barras de ouro ou em dinheiro vivo, escondido no seu porão, nem por isso você é um capitalista. Você é um ricaço. Você é um imprudente. Você é um imbecil. Você não é um capitalista: sua riqueza não cria riqueza. Em compensação, se você tem mil euros em ações, em seu pequeno nível você é um capitalista: sua riqueza cria riqueza (ou, em todo caso, tem chance de criar: não há investimento capitalista sem risco).

Conseqüência prática para o problema que analisamos? Ela é esclarecedora: num país capitalista, por motivos que se prendem à própria essência do sistema (transformar a riqueza em fonte de enriquecimento), *dinheiro chama dinheiro*, como se diz, isto é, não no caso dos que mais necessitariam dele (os mais pobres), mas dos que têm menos necessidade dele, pelo menos objetivamente, porque já têm bastante. Cumpre reconhecer, desse ponto de vista, que, se fosse absolutamente necessário atribuir ao capitalismo um dos dois qualificativos – "moral" ou "imoral" –, o segundo seria muito mais apropriado! Seria, a meu ver, uma tolice (já que a amoralidade intrínseca do capitalismo impede-o até de ser imoral), mas menor do que achá-lo moral! Alguns enriquecem sem trabalhar, outros se esgotam no trabalho e continuam pobres. Vocês acham isso moral? Vão me responder que um rico pode se arruinar, que um pobre pode fazer fortuna... É verdade, às vezes acontece. Mas, no âmbito geral, nem sonhando, como se diz. A melhor maneira de morrer rico, num país capitalista (mas também era assim, e talvez mais até, num país feudal), ainda é nascer rico. Se você nasce com um milhão de euros no berço, só mesmo se você for doido ou se o administrador do seu patrimônio for um incompetente para não morrer com muito mais de um milhão de euros no caixão, ou melhor, no seu testamento! Dinheiro chama dinheiro. A melhor maneira de enriquecer, num país capitalista, é ser rico. Era isso que chocava Marx e, com ele, todos os socialistas utópicos do século XIX. Eles tinham razão de se chocar; só se enganaram quanto ao meio de enfrentar essa realidade.

O erro de Marx, dizia eu, foi querer submeter a economia à moral, não de fora (como se a economia pudesse e devesse submeter-se à consciência moral dos indivíduos – Marx não tinha dessas ingenuidades), mas *de dentro*, inventando um sistema econômico intrinsecamente justo, porque livre da exploração do homem pelo homem (o comunismo). Era querer erigir a moral em economia. Cuidado, agora que o comunismo morreu, para não caírem no erro oposto: cuidado para não erigirem a economia em moral! "O capitalismo", dizem certas pessoas, "é a vida e a liberdade: ele recompensa o trabalho e a poupança, o risco, o espírito empreendedor, a inventividade, a criatividade..." Azar dos pobres, se são burros demais para compreender ou para dançar conforme a música! É só acompanhar as cotações da Bolsa, como outros seguem as Tábuas da Lei... É outro contra-senso, ou melhor, é o mesmo (confundir moral e economia), só que invertido – em benefício, desta vez, da economia. A vida tampouco é moral, como a biologia demonstra suficientemente. Por que a economia seria? A vida devora, a vida mata. É esse o modelo que querem dar às nossas sociedades? Que certas pessoas, para pensar a sociedade, queiram substituir Marx por Darwin, até acho compreensível, do ponto de vista delas. Mas é tomar partido pelos mais fortes contra os mais fracos. Têm todo o direito. Mas não venham nos pedir para enxergar nisso uma moral! O capitalismo existe para criar riqueza. E consegue com bastante eficácia, para que necessitemos mentir a nós mesmos sobre ele. Aceitá-lo? Parece razoável, na medida em que não temos nada melhor para pôr em seu lugar. Mas não é esse um motivo para nos pormos de joelhos diante dele.

Querer fazer do capitalismo uma moral seria fazer do mercado uma religião[33] e da empresa, um ídolo. É precisamente o que se trata de impedir. Se o mercado virasse uma religião, seria a pior de todas, a do bezerro de ouro. E a mais ridícula das tiranias, a da riqueza.

---

33. Pela conjunção da verdade e do valor, que me parece essencial a todo discurso religioso: a Verdade e o Bem seriam uma só e mesma coisa. Ver a esse respeito o verbete "Deus", no meu *Dicionário filosófico*, São Paulo, Martins Fontes, 2003.

IV
A confusão das ordens: ridículo e tirania, angelismo ou barbárie

Acabo de pronunciar essas duas palavras, *ridículo* e *tirania*, que em minha introdução eu havia anunciado designavam noções pascalianas.

Isso nos leva ao meu terceiro ponto: contra a confusão das ordens, contra a tirania e o ridículo.

1. RIDÍCULO E TIRANIA SEGUNDO PASCAL

Por que noções *pascalianas*? Porque é lendo ou relendo os *Pensamentos* de Blaise Pascal que, se vocês prestarem atenção, poderão ver que Pascal emprega essas duas palavras – "ridículo" e "tirania" – num sentido muito particular.

Comecemos pelo ridículo. O que Pascal entende por essa palavra não é apenas algo que se presta ao riso: ele fala de *ridículo* toda vez que há, como ele também disse, e bem antes de mim, *confusão das ordens*. As *ordens* pascalianas não são as mesmas que as minhas. Há três, que recordo a vocês: a ordem da carne, a ordem do espírito ou da razão, enfim a ordem do coração ou da caridade. Toda vez que se confundem duas ou três dessas ordens, escreve em substância Pascal, "cuidado, ridículo!"

Lê-se por exemplo nos *Pensamentos* o seguinte: "O coração tem sua ordem; o espírito tem a dele, que age por princípio e demonstração. O coração tem outra. Ninguém prova que deve ser amado expondo ordenadamente as causas do amor; seria ridículo."[34] O que isso quer dizer? Quer dizer, meus caros, que se vocês resolverem abordar uma mulher na rua, amanhã ou daqui a pouco, dizendo a ela: "Senhora, senhorita, vou demonstrar racionalmente que vossa mercê deve me amar", ela vai rir na cara de vocês. E ela vai rir na cara de vocês não porque achará vocês engraçados, o que seria, como todos sabemos, um excelente começo, mas porque vai achá-los ridículos, o que é um começo muito menos bom! E se ela for suficientemente letrada, ou tiver assistido à minha conferência, responderá: "Ora, meu senhor, vossa mercê está sendo ridículo! Releia Pascal: *O coração tem suas razões, que a razão desconhece...*" Outro fragmento famoso[35] dos *Pensamentos*, como vocês sabem.

Assim, o ridículo é a confusão das ordens. Agora, o que é a tirania? É o ridículo no poder, em outras palavras a confusão das ordens erigida em sistema de governo. Da tirania, Pascal dá esta bela definição: "A tirania consiste no desejo de dominação, universal e fora da sua ordem."[36] Um tirano, para Pascal, não é alguém que governa com autoridade, como às vezes se acredita em nossos dias, confundindo-se autoridade com a própria idéia de poder. A autoridade, para Pascal é uma virtude, o que a tirania não é. Não, o tirano não é aquele que governa com autoridade; o tirano é aquele que governa ou pretende governar numa ordem em que não tem nenhuma legitimidade para tal: é

---
34. *Pensamentos*, 298-283.
35. Trata-se do fragmento 423-277. Sobre o ridículo que consiste em confundir a ordem do coração com a ordem da razão, ver também o fragmento 110-282.
36. *Ibid.*, 58-332.

aquele, como diz magnificamente Pascal, que quer "obter por um caminho o que só se pode obter por outro."[37] Por exemplo (estou seguindo o texto), aquele que quer ser amado por ser forte, ou obedecido por ser sábio, ou temido por ser belo[38]... Acrescenta Pascal: "Assim, esses discursos são falsos e tirânicos: sou belo, logo devem temer-me; sou forte, logo devem amar-me; sou..."[39]

Pascal deixa a frase em suspenso. Podemos completá-la facilmente: "Sou sábio, logo devem obedecer-me." Ou: "Sou forte, logo devem acreditar em mim..."

Vê-se que as duas noções, de *ridículo* e de *tirania*, andam juntas, poder à parte (real ou suposto: se a tirania é efetiva ou apenas reivindicada). O tirano é o rei que quer ser amado (paternalismo ou culto da personalidade: nenhum rei foi tão amado quanto Stálin), é o rei que quer ser acreditado (Stálin, "o maior sábio do século XX", diziam sem rir os stalinistas da época), mas é também o sábio que quer reinar ou o amante que quer ser obedecido...

Imaginemos – não estou me afastando de Pascal – um rei que dissesse: "Sou forte, logo devem me amar." Nem é preciso fazer o esforço de imaginar, porque todos os reis dizem ou sugerem isso, ou sonham com isso – inclusive quando a realeza deles é apenas do tamanho de uma empresa ou de um anfiteatro de universidade... "Amem-me: sou o patrão de vocês!", "Amem-me: sou professor de vocês!" Ridículo: confusão das ordens. Você é forte – você é o rei, você é o patrão (deixemos de lado os professores, que são cada vez menos fortes, infelizmente) –, logo devemos temer você, logo devemos obedecer a você. Mas por que quer que te amemos? Não é a força que é amável!

---

37. *Ibid.*
38. *Ibid.*
39. *Ibid.*

"Amem-me, sou patrão de vocês", o que é, *grosso modo*, o lema oculto do paternalismo – é um ridículo patronal. "Amem-me, sou professor de vocês", o que é o lema oculto de certa forma de paternalismo e de narcisismo pedagógicos – é um ridículo professoral. Ambos são tirânicos, se pretendem ou conseguem se impor. A empresa ou a escola não são a família (na família reina o amor, ou deve reinar; na escola ou na empresa, não). Um professor ou um patrão não estão ali para serem amados. E, se são amados, acontece, não poderia ser simplesmente porque são professor ou patrão...

É ridículo também, poderia ter acrescentado Pascal, o rei que diz: "Sou forte, logo têm de acreditar em mim." Ou o patrão que diz: "É verdade, porque sou o patrão." Ridículo: confusão das ordens. Você é forte – você é o rei, você é o patrão –, logo devemos temer você. Você é forte, logo devemos obedecer a você. Mas por que quer que acreditemos em você? Não é a força que é digna de crédito, como diz Pascal[40]; é o saber, a competência, a boa-fé... Dizer (ou pensar, ou sugerir): "É verdade porque sou o patrão" é confundir as ordens: é ser ridículo.

Devemos então renunciar ao amor? à confiança? Claro que não. Que um indivíduo, seja ele patrão ou professor, queira ser amado ou acreditado, é uma coisa pela qual não podemos censurá-lo. Quem não prefere ser amado a ser detestado ou desprezado? Quem não prefere ter crédito a não ter? O ridículo (logo a tirania, quando se tem poder) consiste em querer ser amado ou acreditado não somente por suas qualidades, o que é inevitável[41], mas em função de qualidades (no caso, o poder, o cargo, a função) que não têm aqui nenhuma pertinência.

---

40. *Ibid.*
41. Como Pascal ressalta em seu genial fragmento 688-323 ("O que é o eu?").

Para fazer-se obedecer, praticamente basta ser o patrão (e, em princípio, deveria bastar ser o professor). Digamos que a coisa faz parte da profissão. Para fazer-se amar, nunca bastou ser patrão: para fazer-se amar é necessário ser *amável*, o que é totalmente diferente!

Para fazer-se acreditar, nunca bastou ser o patrão: para fazer-se acreditar é necessário ser *digno de crédito*, o que, mais uma vez, é totalmente diferente. É quando se esquece essa diferença que se é ridículo e, por conseguinte, conforme o poder que se tem, que se é tirânico.

Imaginem um jovem executivo que acaba de sair de uma das nossas grandes escolas, que trabalha numa empresa e que tem uma divergência, sobre determinado ponto estratégico, com seu patrão. O rapaz é inteligente, mas teimoso. O tom se eleva. O patrão, não tendo mais argumentos, termina por lhe dizer: "É verdade porque o patrão aqui sou eu!" Nosso jovem executivo, se tiver ao mesmo tempo letras e coragem, poderia responder mais ou menos assim:

– Senhor presidente, com todo o respeito que lhe devo, o senhor deveria reler Pascal: o senhor está sendo ridículo...

– Mas o patrão sou eu, afinal!

– Creia, senhor presidente, não estou contestando isso. O senhor é o patrão, logo vou fazer o que o senhor decidir. Minha obediência, enquanto eu permanecer na sua empresa, lhe é evidentemente devida. Mas exigir, a pretexto de que o senhor é mesmo o patrão, que eu lhe dê razão – quando estou convencido, por sólidos argumentos, de que o senhor está errado –, isso o senhor, por mais patrão que seja, não tem nem o direito nem os meios de fazer. De modo que vou continuar lhe obedecendo, se o senhor me mantiver na sua empresa, mas vou também continuar pensando que o senhor está errado.

Os dirigentes empresariais não necessitam de mim para a gestão dos recursos humanos, como dizem. Para isso eles dispõem dos DRHs, ou cuidam do assunto eles próprios. Parece-me no entanto que, se topassem com um jovem executivo como esse, seria um erro privar sua empresa dele. Primeiro porque nosso jovem executivo leu Pascal, o que já é um ponto e tanto (tudo o que é raro é caro: ele mereceria por isso um bom aumento). Depois, e mais seriamente, porque ele é corajoso e que nossas empresas precisam de funcionários corajosos. Enfim, e é talvez o aspecto mais importante, porque ele sabe conciliar duas qualidades importantíssimas, cada uma das quais tem seu valor separadamente mas que são difíceis de ser articuladas: são elas, de um lado, o senso de obediência (a disciplina), de outro, a liberdade de espírito. Ninguém me tirará da cabeça a idéia de que uma parte das desgraças do nosso tempo está em que há muita gente que topa obedecer, mas só quando está de acordo. E outros que são tão acostumados a obedecer que concordam por obediência. Os primeiros têm liberdade de espírito (no melhor dos casos), mas não têm disciplina. Os segundos têm disciplina, mas não têm liberdade de espírito. Ora, nossa sociedade (e nossas empresas também) necessita de indivíduos que saibam conciliar ambas essas virtudes. É esse, ao mesmo tempo, o espírito da República e da laicidade. "Obediência ao poder, respeito apenas ao espírito", dizia Alain. E, portanto, resistência a toda tirania[42].

---

42. Sobre as noções (ao mesmo tempo opostas e ligadas) de *obediência*, de *respeito* e de *resistência*, em Alain, ver meu artigo "Le philosophe contre les pouvoirs (La philosophie politique d'Alain)", *Revue internationale de philosophie*, março de 2001, pp. 121-62. Alain, que admirava Pascal sem amá-lo, é um dos raros filósofos do século XX a tê-lo entendido.

2. A TIRANIA DO INFERIOR: A BARBÁRIE

Eu evocava o paternalismo, que foi o ridículo patronal do século XIX – uma tirania dos empresários. Não significa que o ridículo tenha ficado para trás. O paternalismo morreu? Pode ser. Mas o ridículo existe em todos os tempos e em todos os meios. Toda época tem seus tiranos e suas tiranias, que a ameaçam.

Para terminar, eu gostaria de chamar a atenção de vocês para dois ridículos, duas tiranias, duas confusões das ordens, que hoje nos ameaçam particularmente, parece-me, e que eu chamarei, num caso, de barbárie e, no outro, de angelismo.

O que entendo por *barbárie*? Num sentido geral, é o contrário da civilização, na medida em que esta nos eleva. O bárbaro não é apenas o cruel ou o violento; é aquele que não reconhece nenhum valor superior, que só crê no mais baixo, que chafurda na baixeza e gostaria de nela submergir todos os outros.

Mais precisamente, e voltando às minhas quatro ordens (deixo respeitosamente a Pascal as dele), que proponho chamar de "barbárie" o ridículo, a confusão das ordens, a tirania que consiste em submeter ou reduzir uma ordem dada a uma ordem inferior: a barbárie é a tirania do inferior – a tirania das ordens inferiores.

Barbárie tecnocrática ou liberal

Exemplo de barbárie: querer submeter a política ou o direito (a ordem n? 2) à economia, às técnicas, às ciências (a ordem n? 1). Barbárie tecnocrática (tirania dos especialistas) ou, há duas escolas, barbárie liberal (tirania do mercado). Há duas escolas porque, em certos casos, ou em certos meios, ou em certos momentos, dirão a vocês mais ou menos o seguinte: "Claro, o povo é soberano: somos todos democratas, afinal. Mas, vocês hão de reconhecer comigo que o povo não entende patavina do assunto."

(Tratem de compreender direito a força da argumentação que decorre, é essa a única força dos argumentos, da sua verdade. Qualquer que seja a questão que se coloque ao povo soberano, bastando que seja um pouco difícil ou complicada, é a pura verdade que o povo, considerado em sua maioria, não entende patavina dela. "É a opinião dos menos hábeis", diria Pascal[43]. Lembrem-se do exemplo do referendo sobre Maastricht... Qual dentre nós votou verdadeiramente em pleno conhecimento de causa? Quanto a mim, votei *sim*, mas lembro-me principalmente da minha perplexidade diante dos argumentos de uma parte e outra, da minha incerteza, da sensação persistente da minha incompetência... Qual era o interesse da Europa? Qual era o interesse da França? E, inclusive, qual era meu interesse próprio? Não sabia muito bem... Ora, fiz excelentes estudos e, sobretudo, interesso-me apaixonadamente pela política há mais de trinta anos e seriamente pela economia há pelo menos uns dez anos... Por que milagre uma maioria dos nossos concidadãos seria mais bem informada ou mais competente do que eu? Não importa: não são os mais competentes que decidem, numa democracia, são os mais numerosos. Por exemplo, numa eleição para presidente: as divergências entre os diferentes candidatos serão resolvidas, em nosso país, por uns quarenta milhões de eleitores, cujo nível de competência médio é geralmente muito inferior – se a seleção dos candidatos foi bem-feita – ao nível

---

43. *Pensamentos*, 85-878. Sobre o pensamento político de Pascal, que é de uma profundidade excepcional, ver meu prefácio para suas *Pensées sur la politique*, Éditions Rivages Poche, col. "Petite Bibliothèque", 1992.

de competência do candidato menos competente... Vocês sabem que não digo isso contra a democracia, mas porque não se pode defendê-la eficazmente sem ser lúcido, inclusive quanto aos nossos limites. De resto, uma aristocracia do saber seria pior.)

"Como eu dizia, o povo não entende patavina... De modo que, se uma questão importante ou complicada se coloca (e as questões importantes raramente são simples), em vez de organizar um referendo ou um debate no Parlamento – porque os deputados, vocês sabem tão bem quanto eu, também não entendem muito mais –, melhor seria criar uma comissão de especialistas, uma comissão de sábios, etc. Em outras palavras, deixemos os espíritos competentes decidirem!" Isso poderia funcionar muito bem (e já funciona, infelizmente, por exemplo, no âmbito da Comissão Européia). Mas tem um probleminha: é que, se formos até as últimas conseqüências dessa lógica, não é mais o povo que é soberano, mas os especialistas – e aí não se está mais exatamente numa democracia. Dá-se o poder aos que sabem; vale dizer, retira-se o poder de todos os outros, que são a maioria. O que resta da democracia? Nada mais, temo, que um simulacro. Barbárie tecnocrática: tirania dos especialistas.

Há duas escolas, dizia eu, porque em outros casos, ou em outros meios (ou às vezes nos mesmos meios, mas em outros momentos), vão lhes dizer mais ou menos o seguinte: "Claro, o povo é soberano: somos democratas, afinal. Mas, vocês hão de reconhecer comigo que o Estado é grande demais..." Pode ser. Mas a coisa se torna inquietante quando, de tanto repetir que o Estado é grande demais, acaba nascendo a tentação, em certos espíritos, de que não tem de haver mais Estado algum ou, pelo menos, falando mais a sério, só tem de haver um Estado mínimo, estritamente confinado às suas célebres funções régias de administração, justiça, polícia e diplomacia, o qual, para todas as outras questões – isto é, em tempo de paz, para a maioria das questões verdadeiramente importantes –, deixaria funcionar os célebres mecanismos auto-reguladores do mercado. E, de novo, isso pode *funcionar* muito bem; o único problema é que, nesse caso, não é mais o povo que é soberano: são os capitais ou os que os possuem. Portanto não se está mais exatamente numa democracia. Barbárie liberal: tirania do mercado.

Notemos de passagem que essas duas barbáries da ordem nº 1, a liberal e a tecnocrática, podem muito bem funcionar juntas. Para tanto, basta que os especialistas, a quem foi entregue a gestão dos assuntos correntes, sejam ultraliberais... Conhecemos pelo menos um caso, parece-me, dessa conjunção. É o Chile de Pinochet. Você toma o poder com um golpe de Estado militar (o povo, esses incompetentes que elegeram Allende, fica assim fora de jogo por vários anos), assassina um pouco, tortura muito, mas gestão não é sua especialidade: essa tarefa você confia a alguns especialistas, muitas vezes saídos das melhores universidades americanas, dentre os quais vários alunos ou colegas (os "*Chicago boys*", dizia-se então) do liberalíssimo e futuro prêmio Nobel, Milton Friedman... A política econômica, como costuma ser o caso nos regimes de extrema direita, é de inspiração abertamente liberal, se não ultraliberal: privatizações, supressão do controle dos preços, abertura para a concorrência internacional... Ou seja, você retira o máximo possível de poder do Estado e dos sindicatos, dá o máximo possível de poder ao mercado e aos empresários... O resultado? É espetacular: por uns quinze anos, você apresenta a melhor taxa de crescimento da América Latina. Vocês vão dizer: "Então, qual é o problema?" Só há um, e deixo vocês julgarem se é importante ou não: é que o Chile de Pinochet não é uma democracia.

Quando o general De Gaulle, na década de 60, dizia que "a política da França não se faz no pregão" (na Bolsa), não manifestava apenas um traço do seu temperamento pessoal. Ele lembrava um princípio essencial a toda democracia digna desse nome: numa democracia, o povo é que é soberano, o que exclui que os mercados o sejam. Vocês vão dizer que é tão fácil dizer isso hoje quanto nos anos 60, porém mais difícil (por causa da mundialização) de fazer. Concordo. Mas de onde vocês tiraram que a democracia deve se limitar ao que é fácil?

Vejam, aliás, as querelas da Microsoft com a justiça americana... O mercado leva ao monopólio? Pode ser. Mas há uma lei antitruste, que deve ser aplicada. E agrada-me muito que tenha sido nesse país, que dizem a justo título um dos mais liberais do mundo (pelo menos dentro das suas fronteiras), e com essa empresa, que dizem a justo título uma das mais poderosas do mundo, que tenham descoberto essa idéia simples e forte: que a lei do povo, que não é uma mercadoria (ela não está à venda), deve se impor aos mercados, e não o inverso. Sei que não é tão simples nem tão fácil assim, e que o caso citado ainda não foi resolvido. Mas, mesmo em sua ambigüidade e em sua incerteza, basta para recordar que o mercado, nos Estados Unidos, permanece submetido à lei. O que é chover no molhado – às vezes é preciso – por recordar uma obviedade: os Estados Unidos são uma democracia. Mas então o povo americano é que é soberano, o que exclui ou deve excluir (se os democratas derem mostra de vigilância) que Wall Street o seja.

Barbárie política

Segundo exemplo de barbárie: querer submeter a moral (a ordem nº 3) à política ou ao direito (a ordem nº 2).

Barbárie democrática ou jurídica: barbárie do militante ou do juiz. É sempre querer submeter o mais alto ao mais baixo. Aqui também há duas escolas: barbárie totalitária, por exemplo num Lênin ou num Trótski, ou barbárie democrática, que ameaça mais em nosso país.

A barbárie totalitária é a mais fácil de perceber. O que é a moral? Lênin respondia, em 1920, num discurso à Juventude Comunista russa: "Moral é o que está a serviço da destruição da antiga sociedade de exploradores e da união de todos os trabalhadores em torno do proletariado, que cria a nova sociedade comunista."[44] A moral, portanto, não poderia ser independente da política. Ao contrário, deve estar submetida a esta: "Para nós", escreve Lênin, "a moral está subordinada aos interesses da luta de classe do proletariado."[45] O que é obviamente cômodo para quem dirige o partido que representaria os interesses revolucionários do tal proletariado...

É cômodo, mas é meio abstrato. Trótski, que é um espírito concreto, procurará, alguns anos depois, um exemplo para ilustrar a mesma idéia. Por exemplo, pergunta-se ele, o terrorismo é moralmente admissível? Pode-se ter o direito de assassinar pessoas, fuzilar reféns, mesmo se não fizeram nada de ilegal? E Trótski, que é um espírito concreto e sutil, responde em substância: "Depende dos casos."[46]

Do ponto de vista dele, dá para entender. Depende dos casos, porque numa situação comum, especialmente numa situação de paz civil, o terrorismo não serve para nada, até é politicamente nefasto: o terrorista faz inimigos. Então, moralmente, é errado. Já numa situação revolucionária, es-

---

44. Lênin, "La tâche des unions de jeunesse" (1920), *Textes philosophiques*, Éditions sociales, 1982, p. 286.
45. *Ibid.*, p. 285.
46. Trótski, *Leur morale et la nôtre*, 1938, trad. V. Serge, Éditions de la Passion, 2003 (ver especialmente as pp. 39-42 e 51-5).

pecialmente em situação de guerra civil, o terrorismo ou o assassinato podem se tornar politicamente necessários, politicamente justos e, nesse caso, moralmente é válido.

Cuidado para não apedrejarem apressadamente o fundador do Exército Vermelho. Trótski tem em mente principalmente o assassinato de certos opressores ("Se um revolucionário explodisse o general Franco e seu estado-maior", ele escreve), e, de fato, não podemos excluir que às vezes isso é moralmente justificável. Mas quem decide se é ou não é, é a moral, e não a política. Senão, onde iríamos parar? Tanto mais que Trótski também tem em mente perfeitos inocentes (por exemplo, reféns, ligados ao campo adversário apenas "por laços de classe e de solidariedade familiar"[47]). Isso pelo menos possibilita, esclarece ele, "proceder a uma seleção consciente": é sempre melhor que um projétil "disparado por um canhão ou soltado por um avião, o qual é atirado ao acaso e pode facilmente destruir não só inimigos mas também amigos, ou seus pais e filhos"[48]. Encantadora delicadeza. Quem não vê que Stálin apenas irá um pouco mais longe na mesma direção?

O texto de Trótski é muito mais talentoso que o de Lênin. Mas, por isso mesmo, talvez seja ainda mais assustador. Mesma boa consciência, mesma violência, mesma certeza de ter razão. Isso se deve menos ao seu temperamento, que é até cativante, do que ao seu pensamento. Se tudo o que é politicamente útil torna-se moralmente justificável, a moral passa a não ser mais que uma autojustificação da política, seu suplemento de alma ou de boa consciência.

---

47. *Ibid.*, pp. 63-4. O exemplo dos reféns é particularmente sensível, para Trótski, porque ele fez ser adotado, em 1919, um decreto sobre os reféns, pelo qual reconhece ter "inteira responsabilidade" e que, em 1938, ele continua a justificar. Ver a esse respeito as pp. 39-42 ("La Révolution et les otages") e 62-4 ("Une fois encore à propos des otages").
48. *Ibid.*, pp. 63-4.

"As questões de moral revolucionária", escreve tranqüilamente Trótski, "se confundem com as questões de estratégia e de tática revolucionárias"[49]. Confusão das ordens: tirania da ordem nº 2 sobre a ordem nº 3. E um pouco mais baixo: "O juízo moral é condicionado pelo juízo político, pelas necessidades interiores da luta."[50] Stálin teria podido escrever a mesma coisa. Mas, então, o que resta da moral? Nada de autônomo, nada de racional. Submissão da moral à política (o que é moralmente bom é o que é politicamente justo): barbárie política, aqui barbárie totalitária.

Cuidado para não se esquecerem de que outra barbárie política pode existir, a qual, por ser menos espetacular e sem dúvida mais suave, nem por isso deixa de ser ameaçadora – melhor dizendo, em nossos países é ainda mais ameaçadora. A boa consciência também existe em nosso caso, quero dizer, entre nós, democratas. Talvez até seja aqui que ela ameace mais. Se a democracia é o melhor dos regimes, como todos nós acreditamos, por que não submeter a ela também a moral? É o que chamo de *barbárie democrática*. Que significa isso? A mesma coisa que na barbárie totalitária: a submissão da moral (ordem nº 3) à política (ordem nº 2), mas a uma política democrática. No dia em que todos os nossos cidadãos estiverem convencidos de que tudo o que é legal é necessariamente moral, em outras palavras, no dia em que a legalidade fará as vezes da moralidade, em que a democracia fará as vezes de consciência, em que os direitos (no sentido jurídico do termo) farão as vezes de deveres, não haverá mais nem moralidade, nem consciência, nem deveres. E será o reinado tranqüilo, confortável, democrático, do canalha legalista. "Nenhuma lei veda o egoísmo. Com que direito você me critica por ser

---

49. *Ibid.*, p. 52.
50. *Ibid.*, p. 53.

egoísta? Pago impostos, nunca matei nem roubei, paro no sinal vermelho... Você não vai querer que, além disso tudo, eu ainda me preocupe com os pobres!"

Isso levanta problemas mais difíceis. Quando João Paulo II nos lembra, numa das suas encíclicas, que a *descriminalização* do aborto não diz absolutamente nada sobre a sua *moralidade*, tem evidentemente razão[51]. Do mesmo modo que está errado quando contesta, em nome da sua suposta imoralidade, a legitimidade *jurídica* das leis que autorizam o aborto, nos limites que vocês sabem, em determinados países[52]. Quanto ao problema jurídico, estou do lado oposto às posições do Vaticano. A lei Veil me parece não apenas legítima, de um ponto de vista jurídico, mas também politicamente justificada: lutei por ela, antes que ela existisse, e lutaria para defendê-la, se ela fosse ameaçada. Mas a lei Veil não diz que o aborto é moralmente inocente, nem que o aborto é moralmente culpado. Uma lei não diz o bem e o mal: ela diz o que é autorizado e o que é vedado pelo Estado. O que é bem diferente! O legislador, pela lei Veil, nos diz em substância: "Eu, o Estado (ou eu, o povo soberano), considero que o aborto não é um problema meu, precisamente porque é um problema moral; na ausência de um consenso entre os franceses, remeto-o, como problema moral que ele é, aos indivíduos a que ele se coloca." É por isso que, a meu ver, é uma boa lei: ninguém pode julgar no lugar dos casais – e, primeiramente, das mulheres – que se vêem confrontados com esse problema. Mas é por isso também que cada indi-

---

51. João Paulo II, *L'Évangile de la vie*, trad., Cerf/Flammarion, 1995. Ver também do mesmo autor a *Lettre aux familles*, Mame/Plon, 1994.

52. "As leis que autorizam ou facilitam o aborto e a eutanásia se opõem, não apenas ao bem do indivíduo, mas ao bem comum e, por conseguinte, *são inteiramente privadas de um valor jurídico autêntico*" (*L'Évangile de la vie*, p. 116; grifos meus).

víduo envolvido deve se interrogar, por conta própria! O risco aqui é que a legalização acarreta quase inevitavelmente uma banalização: a partir do momento em que o aborto não é problema do Estado, algumas pessoas acabam acreditando (os homens, parece-me, muito mais que as mulheres, mais intimamente afetadas por ele) que não há mais nenhum problema. É evidentemente um erro. O fato de o aborto ser legalmente autorizado e de a eutanásia ser legalmente proibida, para tomar outro exemplo, não diz nada sobre a moralidade respectiva do aborto ou da eutanásia (ou antes, porque só se trata de casos particulares, de determinado aborto ou determinada eutanásia). O legal não é o bem. O ilegal não é o mal. Quando a gente se esquece dessa diferença para se contentar com respeitar a legalidade (quando o respeito à democracia faz as vezes de consciência moral), já estamos na barbárie democrática.

Barbárie moralizadora

Outro exemplo de barbárie possível: submeter a ordem n? 4, o amor, à ordem n? 3, a moral. Teríamos nesse caso o risco de barbárie moralizadora, ou de ordem moral. Vejam Saint-Just, que queria impor a ditadura da virtude, ou o aiatolá Khomeini, que perseguiu as minissaias e os namorados. Ordem moral: tirania dos puritanos.

Ou essa tentação, mais simples, mais banal, mais normal, de só gostar das pessoas proporcionalmente à sua moralidade. Tem coisa mais compreensível? Ninguém vai amar os canalhas tanto quanto as pessoas de bem... Sim, é assim que todos nós funcionamos. Lembrarei simplesmente, para os que são sensíveis a esse gênero de tradição, que amar as pessoas proporcionalmente a seu grau de moralidade é o exato contrário não apenas da paixão (vide Proust), não apenas de todo amor incondicional (por exemplo, o dos pais pelos filhos), mas também e sobretudo da caridade – cujo paradoxo está precisamente em ser um amor que *não é* proporcional ao valor moral do seu objeto. Nunca se deve esquecer que Cristo veio *primeiramente* para os pecadores – e talvez seja isso o que há de mais profundo na tradição cristã.

Uma barbárie ética?

Quem só reconhece essas quatro ordens pode parar por aqui. Mas e os que acreditam numa quinta ordem? E os que acreditam no divino, no sobrenatural, na transcendência? Para eles é pelo menos concebível uma barbárie ética, que pretenderia submeter ou reduzir a ordem divina à ordem da ética – submeter Deus ao amor aos homens, a transcendência à imanência, a ordem nº 5 à ordem nº 4. Seria necessário interrogar os teólogos. Mas não posso garantir que algumas tentações humanistas ou antropocêntricas (contra as quais, cá entre nós, Pascal tanto combateu[53]) não decorrem, de um ponto de vista teológico, dessa tendência. De tanto repetir que Deus é amor, alguns acabam acreditando que todo amor é divino. De tanto celebrar o Deus feito homem (Jesus Cristo), alguns acabam acreditando que o homem é que é Deus. Divinização do homem, humanização de Deus... Para os ateus ou os agnósticos, isso pode não passar de uma metáfora ou de um modelo teórico, que se poderá considerar legítimos (já que a ordem nº 5 só existe, do ponto de vista deles, na imaginação ou no espírito dos homens). É o que sucede em Feuerbach, em Alain ou, mais recentemente, no meu amigo Luc

---

[53]. Ver o belo livro de Henri Gouhier, *L'Anti-humanisme au XVIIe siècle*, Vrin, 1987 (sobretudo caps. IX e X).

Ferry[54]. Mas e no caso dos crentes? Esse Deus submetido ao amor humano ainda é um Deus? Esse homem divinizado já não é um ídolo? Esse *antropoteísmo*, como dizia Feuerbach, não é pior que o ateísmo (que nega Deus mas não pretende substituí-lo)? Esse humanismo já não é – de um ponto de vista religioso – uma barbárie ética?

3. A TIRANIA DO SUPERIOR: O ANGELISMO

A outra tentação, no pólo oposto, o outro ridículo, a outra tirania, é o que chamo de *angelismo*. É o simétrico da barbárie. Há confusão das ordens em ambos os casos, mas segundo uma hierarquia invertida. A barbárie é querer submeter o mais alto ao mais baixo. O angelismo é pretender anular o mais baixo em nome do mais alto.

Proponho chamar de "angelismo" o ridículo, a confusão das ordens, a tirania, que pretende anular ou desestruturar uma ordem dada em nome de uma ordem superior. O angelismo é a tirania do superior – a tirania das ordens superiores.

O angelismo político ou jurídico

Exemplo de angelismo. Pretender anular as restrições econômicas, técnicas, científicas (restrições da ordem n° 1), em nome da política ou do direito (em nome da ordem n° 2): angelismo político ou jurídico.

---

54. Ludwig Feuerbach, *L'Essence du christianisme*, 1841, trad. J.-P. Osier, Maspero, 1968, reed. 1982 (ver também a elegante apresentação de Jean Salem, *Une lecture frivole des Écritures. L'essence du christianisme de Ludwig Feuerbach*, Encre Marine, 2003); Alain, *Les Dieux*, Gallimard, 1930; Luc Ferry, *L'Homme-Dieu ou le sens de la vie*, Grasset, 1996.

Concretamente, como isso se manifesta? No mais das vezes, toma a forma do *voluntarismo*, no sentido pejorativo do termo[55]. Lembrem-se da esquerda em 1981. Tratando-se do desemprego, que dizia ela? Em substância, o seguinte: "Vencer o desemprego é uma questão de vontade política." Dois mandatos mais tarde, como vocês sabem, o número de desempregados tinha duplicado... Lembrem-se de Chirac em 1995. Que dizia ele? Em substância, e estranhamente, a mesma coisa: "Vencer o desemprego é uma questão de vontade política." Dois anos depois, o número de desempregados permanecia mais ou menos estacionário, mas num nível elevadíssimo, e Chirac tinha perdido sua maioria... Quem pode acreditar, um instante que seja, que isso aconteceu porque Mitterrand ou Chirac teriam distraidamente esquecido de querer? Quem não vê, ao contrário, essa verdade simples e desagradável (mas o fato de ela ser desagradável não é motivo suficiente para se recusar a enxergá-la), de que foi assim porque vencer o desemprego *não é* uma questão de vontade política? Tomo por prova disso o fato de que o enunciado mais forte da vontade política, num Estado de direito, é a lei. Ora, pode-se promulgar uma lei contra o desemprego ("pôr o desemprego fora da lei", como dizia o outro, o que é um bom exemplo de ridículo no sentido pascaliano do termo...), que ela não bastará para criar um só emprego.

Vemos todos os anos passeatas em Paris com a bandeira: "Vencer a aids é uma questão de vontade política!" Compreendo perfeitamente o que os manifestantes querem dizer, como no caso do desemprego. Não sou um idiota,

---

55. Que me parece ser o verdadeiro sentido (senão, não passa de um sinônimo pretensioso de "vontade": "dar mostra de voluntarismo", no sentido positivo da expressão, é simplesmente dar mostra de vontade) e, em todo caso, o sentido primeiro, pelo menos na linguagem corrente.

afinal. É evidente que quanto mais dinheiro público se investir na pesquisa científica, na informação e na prevenção (o que depende da vontade política ao votar o orçamento), maiores serão as chances de vencer, no futuro, a aids. Que, quanto mais se aplicar dinheiro na formação profissional, na redução da carga tributária ou em investimentos públicos, mais chance se terá de fazer o desemprego diminuir. Mesmo assim, a palavra de ordem, ao pé da letra, é ridícula. Vencer a aids não é uma questão de vontade política: pode-se aprovar uma lei contra a aids, mas isso não vai curar um só aidético. Desculpem-me se ouso lembrar esta evidência: vencer a aids não é uma questão de vontade política, é um problema médico, que se situa por isso na ordem nº 1 e que *só pode* ser solucionado na ordem nº 1. Tudo o que podemos (e que devemos) pedir ao Estado, e a nós todos como cidadãos, é fazer tudo (na ordem nº 2: votando verbas, etc.) para que esse problema seja resolvido o mais depressa possível na ordem que é a dele, na ordem científica e técnica, em outras palavras de forma médica. Que uma vontade científica seja necessária para isso, é óbvio. Que ela baste para tanto, é um absurdo. Gastou-se muito menos dinheiro e esforços (muito menos "vontade política") contra a raiva do que contra o câncer. E a raiva foi vencida, mas o câncer não. Por quê? Porque a vontade nunca bastou para resolver nenhum problema científico.

Eu diria a mesma coisa, ainda que não passe de uma analogia, sobre a luta contra o desemprego. Vencer o desemprego não pode ser uma questão de vontade política: o desemprego é um problema econômico, que como tal se situa na ordem nº 1 e que *só pode* ser resolvido na ordem nº 1. Tudo o que podemos (e devemos) pedir aos homens públicos, ao Estado e a todos nós como cidadãos é fazer todo o possível, na ordem nº 2 (por exemplo, reduzindo a duração legal do trabalho, no caso dos que acreditam que essa medida pode ser eficaz, ou aumentando a flexibilidade, no caso dos que preferem essa solução: são duas das opções verdadeiras da hora), para que esse problema seja resolvido na ordem que é a dele, ou seja, de um ponto de vista econômico. Mas pretender resolver com uma canetada ou um artigo de lei, na ordem n? 2, um problema que se situa na ordem n? 1, é evidentemente se iludir: é dar prova de angelismo.

Creiam, lamento muito que seja assim. Preferiria que vencer a aids e o desemprego fosse de fato uma questão de vontade política – porque esses dois problemas já estariam sem dúvida solucionados ou em vias de sê-lo. Quem não vê que, infelizmente, não é assim?

O angelismo moral

Segundo exemplo de angelismo. Pretender anular as exigências e as restrições da ordem n? 2 (as exigências e as restrições da política e do direito) em nome da moral (em nome da ordem n? 3): angelismo moral. Concretamente, como isso se manifesta? Por exemplo, na forma da "geração moral" que eu evocava ao iniciar. Contra a miséria, o quê? Os Restaurantes do Coração. Em matéria de política externa, contra a guerra por exemplo, o quê? A ação humanitária. Para resolver os problemas da imigração e da integração dos imigrantes, o quê? SOS Racismo. Você transforma todos os problemas políticos (na ordem n? 2) em problemas morais (na ordem n? 3), o que é a melhor maneira de nunca resolvê-los.

Se você contar com os Restaurantes do Coração para vencer a miséria e a exclusão, se você contar com o humanitarismo para servir de política externa, com o anti-racismo para servir de política de imigração, você estará se iludindo: você dá mostra de angelismo – o que é ridículo quando se está na oposição e tirânico quando se está no poder, ou quando *se tem* poder (é tirânico portanto, notemos de passagem, no caso dos que dispõem de um poder midiático: tirania dos bons sentimentos).

O angelismo ético

Terceiro exemplo de angelismo. Pretender anular as exigências e restrições da moral, quando não das três primeiras ordens, em nome da ordem n° 4 – em nome da ética, em nome do amor: angelismo ético, angelismo do amor. Concretamente, concretamente, como isso se manifesta? Como, por exemplo, a ideologia de *Paz e amor* dos meados da década de 70. Hoje vemos menos gente assim, mas às vezes ainda se encontra alguém que, com o olhar vago e a língua geralmente meio enrolada, por todo tipo de motivos, explica mais ou menos o seguinte: "Olhe, eu não preciso de moral; não preciso de política; não preciso de técnica: o amor basta!" Temos de responder que não, claro, que o amor não basta. Ou, mais concretamente, temos de dizer: "Pare de se achar a reencarnação de Jesus Cristo! Comece por cumprir com o seu dever, na ordem n° 3, votando nas eleições, na ordem n° 3, e aprendendo uma profissão, na ordem n° 1. Se você contar com o amor para resolver qualquer tipo de problema em cada uma dessas ordens, você está se iludindo: está dando mostra de angelismo."

O angelismo religioso

Enfim, o último exemplo de angelismo. Querer anular as exigências e as restrições do amor, ou mesmo as quatro primeiras ordens, em nome de uma possível ordem nº 5 – em nome da ordem divina ou sobrenatural. Angelismo religioso: integrismo. Por exemplo, querer que a religião diga o bem e o mal (na ordem nº 3), o legal e o ilegal (na ordem nº 2), o verdadeiro e o falso (na ordem nº 1)... Pensa-se logo, é claro, no integrismo islâmico, e com razão: vejam a *charia**. Se a lei islâmica deve se impor a todos, para que a democracia? Se Deus é soberano, como o povo poderia sê-lo? Mas também pode existir, como existe de fato, um integrismo cristão: por exemplo, essas seitas protestantes que pretendem proibir, nos Estados Unidos, o ensino do darwinismo nas escolas, a pretexto de que é contrário aos ensinamentos do Gênese, na Bíblia... Não vou me deter sobre esse ponto, mas é o momento de recordar, com Rainer Maria Rilke, que "todo anjo é assustador". O angelismo não é menos perigoso que a barbárie, às vezes é até mais. É quase sempre em nome do Bem que se autoriza o pior. É a síndrome da cruzada, com todos os horrores que sabemos. E continua hoje em dia. Se Bush e Bin Laden não estivessem tão convencidos de representar o Bem (a ordem nº 3), ou Deus mesmo (a ordem nº 5), poderíamos temer menos a política deles. E Lênin ou Trótski, se não acreditassem de fato no comunismo, talvez houvessem fuzilado menos despreocupadamente e menos maciçamente.

Este último exemplo mostra que a barbárie e o angelismo podem andar de mãos dadas. Submeter a moral à política, como faziam Lênin e Trótski, é barbárie. Mas submeter a política e o direito a uma utopia moralmente generosa (uma sociedade de paz, de abundância, de liberdade, de igualdade, de fraternidade, de felicidade...), como queria Marx, como também queriam sem dúvida Lênin e Trótski,

---

* A *charia* – caminho a seguir – é a lei canônica islâmica, baseada numa interpretação radical das prescrições do Alcorão. (N. do T.)

seria angelismo. Conhecemos os resultados dessa temível conjunção.

Seria bom reler, desse ponto de vista, o que Louis Althusser dizia do stalinismo. Foi muitas vezes mal compreendido. Althusser denunciava, no "desvio stalinista", o acoplamento do humanismo com o economicismo[56]. Essa afirmação chocou: falar de humanismo a propósito do *gulag*! No entanto, ela corresponde ao discurso explícito dos stalinistas, que seria ingênuo crer fosse puramente mentiroso ou hipócrita. "O capital mais precioso é o homem", dizia Stálin. Não sei dizer se ele acreditava nisso. Mas a maioria dos stalinistas acreditava, e Stálin, sem essa fé dos militantes, teria sido impotente. Isso não refuta o humanismo, é óbvio; mas salienta que ele também não está desprovido de perigos. Foi para a felicidade da humanidade que mandaram à morte milhões de seres humanos. Humanismo utópico, humanismo mortífero, humanismo criminoso, mas humanismo. Isso foi feito ao arrepio das regras do direito, inclusive do direito soviético. Era violar a ordem n? 2 em nome da ordem n? 3: angelismo humanista.

Ora, a política tendia ao mesmo tempo a submeter-se cada vez mais às exigências de uma economia estatizada. É o que Althusser chama de *economicismo* stalinista, que é uma barbárie tecnocrática (no caso, em sua versão coletivista). O ridículo não está submetido ao princípio de não-contradição. A tirania tampouco. Daí o aspecto ubuesco que ela costuma adquirir. Viola-se o direito em nome da moral (angelismo humanista), sacrificando-se ao mesmo tempo os seres humanos e as liberdades individuais às exigências "científicas" do Plano qüinqüenal, da industrialização, ou ao Grande Salto para a Frente (barbárie tecnocrática:

---

56. Louis Althusser, "Note sur la critique du culte de la personnalité", *Réponse à John Lewis, op. cit.*, pp. 77-98.

economicismo). Quando se confundem as ordens, não há nada que impeça de fazê-lo nos dois sentidos ao mesmo tempo. Esse ridículo mata (pelo menos vinte milhões de mortos na União Soviética, treze milhões na China, só nos três anos do Grande Salto para a Frente), mas raramente os que são responsáveis por essas mortes.

4. RESPONSABILIDADE E SOLIDARIEDADE

A dificuldade, vocês entendem, está em que todos nós estamos, sempre, nessas quatro ordens ao mesmo tempo (deixo de lado a quinta, em que não creio) e em que nada garante que elas vão todas e sempre na mesma direção, submetidas que são a princípios de estruturação interna diferentes e independentes uns dos outros.

Que às vezes vão na mesma direção, é claro que acontece – ainda bem! São os momentos em que tudo é fácil, especialmente para os empresários. São os momentos de felicidade. Pode acontecer que, trabalhando direito e ganhando muito dinheiro (ordem nº 1), você respeite perfeitamente a lei (ordem nº 2), cumpra com o seu dever (ordem nº 3) e aja por amor (ordem nº 4). Não vou criticar ninguém por isso! Ao contrário, até diria: "Vá em frente!" E acrescentaria, simplesmente: "E aproveite, porque não vai durar!" Não pode durar. Não há nenhuma razão para que quatro ordens diferentes, cada uma das quais submetida a um princípio de estruturação interna diferente e independente dos outros, andem sempre e em toda parte na mesma direção. Quando acontece, vão em frente e aproveitem. Quando não acontece, vocês vão ter de escolher, entre essas quatro ordens, qual vocês vão querer privilegiar em determinada situação.

A responsabilidade

Essa opção é o que chamo de nossa *responsabilidade*. Ela decorre de uma lógica da decisão: não é um problema a resolver, é uma escolha a fazer, o que não se dá sem hierarquias e renúncias. Os executivos, em nosso país, muitas vezes estão mal preparados para isso. É que boa parte deles tem uma cultura de engenheiro ou cientista: estão acostumados a que um problema tenha uma – e uma só – solução, de tal sorte que todo espírito competente, mesmo utilizando métodos diferentes, chegará ao mesmo resultado. É como uma equação: se você encontra a incógnita x, o problema está solucionado. Mas isso só é válido em espaços teóricos homogêneos (por exemplo, a física, a economia...), mas não quando a decisão tem de se confrontar com várias ordens ou níveis heterogêneos, cada um dos quais dotado da sua lógica própria, da sua coerência, da sua necessidade, que não poderiam ser reduzidas às dos outros. É por isso que se deve falar de responsabilidade, em vez de competência. Não que esta não seja necessária (ser incompetente, quando se tem poder, é sempre dar prova de irresponsabilidade), mas porque ela não basta. Ser competente é poder resolver um problema. Ser responsável é poder tomar uma decisão, inclusive em situação de complexidade e incerteza, especialmente quando essa decisão, como quase sempre ocorre, depende de várias ordens ao mesmo tempo. A responsabilidade, no sentido em que emprego a palavra, é portanto o contrário da tirania segundo Pascal: é assumir o poder que se tem – todo o poder que se tem –, em cada uma dessas quatro ordens, sem confundi-las, sem reduzir todas elas a uma só, e escolher, caso a caso, quando entram em contradição, qual dessas quatro ordens, em determinada situação, você decide priorizar.

Digo "caso a caso", "em determinada situação", porque, nesse domínio, não há regra geral. Nem pode haver. Imaginem que um empresário, aqui na sala, nos diga ou se diga: "Em caso de discordância entre essas quatro ordens, eu sempre me submeto prioritariamente à ordem n.º 4: primeiro a ética, primeiro o amor!" Ou ele é um tolo, ou é um santo. Ora essas duas categorias me parecem muito mal representadas em nossos empresários, e legitimamente mal representadas: os tolos não têm poder, e os santos, que vocês me desculpem, têm mais o que fazer.

Quanto ao que dissesse: "Quando há contradição entre esta ou aquela dessas quatro ordens, eu sempre privilegio a ordem n.º 1: primeiro a competência, a eficiência, *the business...*", ele estaria esboçando de si mesmo um retrato de canalha competente e eficiente – o que é um papel que ninguém, ou quase ninguém, tem vontade de desempenhar por muito tempo. Quanto a todos os outros, quer dizer, vocês e eu, que certamente não somos nem tolos nem santos, mas que nem por isso nos resignamos a ser uns canalhas competentes e eficientes, vamos escolher, caso a caso, a qual dessas quatro ordens, em determinada situação, decidiremos nos submeter prioritariamente. Ninguém pode fazê-lo em nosso lugar. É nisso que a responsabilidade, no sentido em que emprego a palavra, é sempre pessoal. Ela só existe, como diria Alain, para "o único sujeito: *eu*". Ninguém pode assumi-la, como ele também dizia, a não ser "sozinho, e universalmente". Isso não impede de tomar uma decisão em equipe. Mas a própria equipe não poderia isentar nenhum dos seus membros da responsabilidade que assumiu.

Imagino que muitos de vocês, a maioria talvez, trabalham numa empresa, que alguns ocupam cargos de direção... Eu diria a estes o seguinte: vocês podem delegar tudo, na empresa de vocês (a contabilidade, a direção dos recursos humanos e, por que não, a própria concepção ou a estratégia...), salvo, por definição, sua responsabilidade – porque a responsabilidade é o que não se delega.

E como essa responsabilidade é necessariamente pessoal, individual, não vejo direito que sentido tem falar, como quase sempre se faz, principalmente no mundo patronal, em *ética empresarial* ou em *moral empresarial*. Direi ao contrário que uma empresa não tem moral: uma empresa tem contabilidade e clientes. Uma empresa não tem deveres: só tem interesses e obrigações. Uma empresa não tem sentimento, não tem ética, não tem amor: só tem objetivos e um balanço. Resumindo, não há moral empresarial nem ética empresarial.

Mas convém acrescentar logo: é precisamente por não existir uma moral *da* empresa que deve haver moral *na* empresa – pela mediação dos únicos que podem ser morais, pela mediação dos indivíduos que trabalham nela, em especial (maior poder, maior responsabilidade) que a dirigem. O mesmo vale para a ética: é pelo fato de a empresa não ter uma ética que os indivíduos que nela trabalham ou que a dirigem têm de ter uma.

Como eu dizia há pouco: "Não contem com o mercado para ser moral no lugar de vocês." Posso acrescentar: não contem tampouco com sua empresa para ser moral no lugar de vocês.

Comércio e "respeito ao cliente"

O que é verdade para a economia em geral é verdade para o comércio em particular. Isso não significa que o comércio não levante alguns problemas específicos... Permitam-me contar-lhes, de novo, uma história. Aconteceu há uns dois ou três anos: fui convidado pelo MEDEF, em Paris, para um encontro de empresários intitulado "Sessões nacionais do comércio". Eu devia falar no fim do período. Mas, como sempre faço, cheguei no início. Aqueles empresários, todos eles comerciantes, só tinham na boca as palavras *ética* e *valores*. Era bonito de ver! Vocês devem imaginar que havia um valor que sempre vinha à baila: o *respeito ao cliente*. Sobre o resto, estavam dispostos a discutir. Mas sobre esse valor, não: dava para senti-los ao mesmo tempo intransigentes e orgulhosos. Tomo a palavra no fim do período, conforme estava previsto, e digo que eu os escutara com atenção, que havia notado especialmente a importância que eles davam ao respeito ao cliente. E, é claro, como disse a eles, não contesto que seja um valor profissional importante: estaria muito bem situado, por exemplo, no código de ética de uma loja de departamentos. "No entanto, o que me surpreendeu", acrescentei, "é que vocês pareciam considerá-lo um valor *moral*. Isso, vejam vocês, eu nunca tinha lido até hoje em nenhum lugar. Li os maiores filósofos gregos: não vi neles uma só linha sobre o respeito ao cliente. Li Montaigne, Espinosa, Kant: nem uma palavra, em nenhum deles, sobre o respeito ao cliente. Li e reli os Evangelhos, freqüentei vários textos budistas, percorri a Bíblia e o Alcorão: não me lembro de ter visto uma só palavra, nesses textos canônicos, sobre o respeito ao cliente. Espanta-me que o MEDEF esteja tão avançado em relação aos textos fundadores da humanidade!" Aí nossos comerciantes começam a se irritar um pouco... "Não", acrescentei então, "o que vi nesses textos fundadores não foi o respeito ao cliente; foi o respeito *ao próximo*." A irritação cresce: "O cliente é um próximo", protestam... Não, não exatamente, ou não um próximo qualquer: o cliente é um próximo *solvível*. Ora, não li em nenhum dos textos fundadores da humanidade que devíamos proporcionar nosso grau de respeito ao grau de solvabilidade do próximo. Li até, em todos esses textos, exatamente o inverso: que *não se deve* proporcionar seu grau de respeito ao grau de solvabilidade do próximo! De modo que, disse a eles, "no dia em que vocês manifestarem maior respeito por seu maior cliente do que pela faxineira que limpa seu escritório de manhã ou pelo sem-teto que pede esmola na saída da sua loja, longe de viver em conformidade com os valores morais que vocês possuem, e que são também os meus, vocês os submetem a um princípio (o respeito ao cliente) que esses valores ignoram e rejeitam. Barbárie gerencial: tirania da empresa. O respeito ao cliente é um valor empresarial legítimo, é claro, mas que pertence ao domínio da comunicação interna e externa, do gerenciamento, do marketing, e não da moral. É um valor empresarial, um valor profissional, um valor deontológico, se quiserem; não é um valor moral. Já o respeito ao próximo, este sim, é um valor moral, que pertence unicamente ao domínio da consciência; não é um valor empresarial".

Generosidade ou solidariedade?

Vamos ao fundo do problema. O comércio está muito menos no campo da moral, que é desinteressada, do que da economia, que nunca o é. Menos do respeito ao outro do que da satisfação mútua. Menos da universalidade dos deveres do que da convergência (sempre particular) de interesses. Inútil dizer que isso não o condena. "Interesse", lembra-nos Hannah Arendt, vem do latim *interesse*, que significava "estar entre", "estar em meio a", "participar de" ou "dedicar-se a"... Certamente não é por acaso que a palavra "comércio", com uma história diferente, cobre um campo semântico vizinho. O interesse nos junta ao mesmo tempo que nos separa; ele nos "reúne", como diz Hannah

Arendt falando do mundo comum, ao mesmo tempo que nos impede de "cair uns em cima dos outros" – mais ou menos como uma mesa que separa e une mais ou menos os comensais[57]. O homem é um animal sociável *e* egoísta: essa *insociável sociabilidade*[58] assume quase inevitavelmente a forma seja do conflito, seja da troca – e a troca, numa sociedade bem constituída, é preferível. Era o que Montesquieu chamava de "doce comércio", que é melhor do que a guerra. Não, claro, que ele a impeça, a história prova o contrário suficientemente, nem, muito menos, que ele suprima toda e qualquer relação de força (como seria possível?). O mercado não abole a violência. Mas ele a *contém*, como diz lindamente Jean-Pierre Dupuy, em ambos os sentidos da palavra: "Ele faz barragem contra ela, mas a tem em si", o que "reconcilia Marx com Montesquieu"[59]. Não vamos nos queixar disso.

O interesse não é o mal; é o que nos move em conjunto (inclusive uns contra os outros) e, no mais das vezes, por um bem. É o que dá razão aos utilitaristas. Vejam Bentham ou Mill. É o que dá razão aos materialistas. Todos estão de acordo a esse respeito, de Epicuro a Althusser, passando por Hobbes, Diderot, Holbach, La Mettrie, Helvétius, Marx... Espinosa, a seu modo, não dizia outra coisa (é o que ele chama de "busca do útil próprio"[60]). Nem

---

57. Hannah Arendt, *Condition de l'homme moderne*, cap. II, Calmann-Lévy, 1961, reed. Pocket, 1994, p. 92. Ver também Jean-Pierre Dupuy, "Les béances d'une philosophie du raisonnable", *Revue de philosophie économique*, n.º 7, 2003/1.

58. A fórmula é de Kant ("Idéia de uma história universal do ponto de vista cosmopolita", prop. 4, em *Philosophie de l'histoire*, trad. S. Piobetta, Denoël, col. "Médiations", 1984, p. 31). Ver a esse respeito o que eu escrevia no capítulo 2 ("La politique") das minhas *Présentations de la philosophie*, Albin Michel, 2000, reed. Le Livre de Poche, 2003 [*Apresentações da filosofia*, São Paulo, Martins Fontes, 2002].

59. Jean-Pierre Dupuy, *Le Sacrifice et l'Envie (Le libéralisme aux prises avec la justice sociale)*, Calmann-Lévy, 1992, reed. 1996, cap. X, p. 329.

60. Ver, por exemplo, *Ética*, IV, prop. 20 a 24, com as demonstrações e escólios.

Freud, em torno dos princípios de prazer e de realidade[61]. Resta buscar nosso bem ou defender nosso interesse *com outros*, pois que é nossa sina, em vez de somente contra eles; é a única maneira de alcançá-lo ou salvaguardá-lo.

É aqui que importa não confundir o *amor a si*, que é legítimo e estruturante, com o *amor-próprio*, que é destruidor[62]. Como pode amar o próximo quem não se ama a si mesmo? Como pode amar verdadeiramente quem só ama a si (ante o olhar do outro) ou para si? O interesse é do domínio do amor a si: ele leva normalmente à paz, ao comércio, à concórdia. A inveja e o ressentimento, ao contrário, são do domínio do amor-próprio: são eles, muito mais que o interesse, que levam à guerra e à discórdia. Não posso me estender sobre esse ponto como seria desejável: leiam Espinosa, Rousseau e Alain[63].

É aqui que importa, sobretudo, não confundir a *generosidade*, que é o contrário do egoísmo, com a *solidariedade*, que seria a sua regulação inteligente e socialmente eficaz.

No politicamente correto da atualidade, como ninguém mais ousa utilizar a palavra "generosidade", que parece ultrapassada, todo o mundo tem a palavra "solidariedade"

---

61. Que, recordemos, se opõem muito menos do que se completam (o segundo nada mais é que uma adaptação do primeiro às imposições do real: não se trata, em ambos os casos, senão de desfrutar o máximo possível e sofrer o mínimo possível). Ver, por exemplo, *Introdução à psicanálise*, cap. 22, e *Além do princípio de prazer*. Cito aqui apenas autores que me são particularmente caros. Mas a noção de interesse também desempenha um papel maior na tradição liberal, particularmente anglo-saxã. Ver a esse respeito o sugestivo estudo de Albert O. Hirschman, *Les Passions et les Intérêts (Justifications politiques du capitalisme avant son apogée)*, trad. P. Andler, PUF, 1980, reed. col. "Quadrige", 2001.

62. Sobre essa distinção, ver, é claro, Rousseau, *Discurso sobre a origem da desigualdade entre os homens*, nota XV. Ver também o verbete "Amor-próprio" do meu *Dicionário filosófico, op. cit.*

63. Espinosa, *Ética*, IV, integralmente. Rousseau, *op. cit.* Quanto a Alain, dou as referências principais no meu artigo "Le philosophe contre les pouvoirs (La philosophie politique d'Alain)", *op. cit.*, pp. 146-7.

quase permanentemente na boca, a ponto de confundir essas duas noções e fazer da solidariedade (como no caso da "geração moral") um bom sentimento entre tantos outros. É esvaziá-la do seu conteúdo, da sua função, da sua eficácia. Procuremos enxergar o assunto mais claramente.

Se se confundem tantas vezes essas duas noções, é que, evidentemente, elas têm algo em comum. Em ambos os casos, generosidade ou solidariedade, trata-se de levar em conta os interesses de outrem. A diferença entre as duas é que, no caso da *generosidade*, levamos em conta os interesses de outrem *mesmo que não compartilhemos de forma alguma dele*. Você faz um benefício a outrem, e isso não lhe traz nenhum benefício. Você dá um euro a um sem-teto: ele tem um euro a mais, você um euro a menos. Benevolência desinteressada (pelo menos numa primeira aproximação): generosidade.

É diferente da *solidariedade*, que consiste em levar em conta os interesses do outro *porque você compartilha esses interesses*. Você faz um benefício a ele, e isso lhe traz ao mesmo tempo um benefício. Você vai me dizer que é bom demais para ser verdade, que isso nunca acontece ou quase nunca... Ao contrário: acontece todos os dias.

Bateram no meu carro num estacionamento. Perda total. O que vocês acham que aconteceu? Dezenas de milhares de pessoas se cotizaram para me pagar outro! Até me deram, vejam só, 1 000 euros acima do jornal do carro! Quanta generosidade!

Claro que não. Não tem uma gota de generosidade nessa história. Simplesmente eu tinha feito seguro na mesma companhia dessas pessoas. Ora, que eu saiba, ninguém contrata uma apólice de seguro por generosidade; todos nós o fazemos por interesse. Mas essa cotização para cobrir os riscos, que é um seguro, permite-nos criar uma convergência objetiva de interesses entre os diferentes segurados, em outras palavras, pelo menos uma solidariedade objetiva. É assim que nós nos protegemos – ao mesmo tempo todos juntos e cada um por si – contra as vicissitudes da existência. É o princípio do seguro: compartilhamento dos riscos, adição dos meios, convergência dos interesses – solidariedade. O que cada um faz para si faz também, quer queira, quer não, para os outros; o que faz para os outros, os outros também fazem por ele. Não é preciso ser generoso para tanto: o seguro é um negócio; o que equivale a dizer que funciona na base do egoísmo. É sem dúvida por isso que funciona tão bem.

Isso vale para qualquer negócio. Adam Smith há muito disse o essencial a esse respeito: "Não é da benevolência do açougueiro, do cervejeiro e do padeiro que esperamos nosso jantar, mas da atenção que eles dão a seus próprios interesses. Nós não nos dirigimos à humanidade deles, mas a seu egoísmo; e não é nunca das nossas necessidades que lhes falamos, é sempre do benefício deles."[64]

Retomemos este exemplo tradicional, tal como me foi submetido num debate público por meu amigo Jean-Louis Syren, que ensina economia na Universidade de Dijon. Quando compro minha baguete na padaria da esquina, por que a dona da padaria me vende? Porque ela prefere 75 centavos ao seu pão. É normal: o pão lhe custou muito mais barato. Por que eu o compro? Porque prefiro a baguete aos 75 centavos. É normal: se eu mesmo fizesse a baguete, ela me custaria (incluídos equipamento e trabalho) muito mais barato, mas sem dúvida nenhuma seria muito menos saborosa. Triunfo do egoísmo: compro pão por interesse; a dona da padaria vende-o por interesse. Se eu contasse com a generosidade dela para comer meu

---

64. Adam Smith, *La Richesse des nations*, I, 2, GF-Flammarion, 1991, p. 82. [Trad. bras. *A riqueza das nações*, São Paulo, Martins Fontes, 2003.]

pão, morreria de fome. Se a dona da padaria contasse com a minha generosidade para ter dinheiro, se arruinaria. Se cada um de nós contar com o interesse do outro, fará excelentes negócios. Não é por nada que trocamos amáveis sorrisos todas as manhãs!

Mas não é isso o mais surpreendente. Qual o interesse da dona da padaria? Que a baguete que ela vende seja a melhor possível – numa economia de livre concorrência –, a mais barata possível, em suma, tenha a melhor relação qualidade-preço (para conquistar sua parcela de mercado). Qual o meu interesse de consumidor? Que a baguete seja a melhor possível e a mais barata possível. É incrível: ajo única e exclusivamente por interesse, ela age única e exclusivamente por interesse, e temos o mesmo interesse! A relação de troca (o comércio) criou entre nós uma convergência objetiva de interesses, isto é, exatamente, uma solidariedade. Desse ponto de vista, cumpre constatar que o mercado é uma formidável máquina de produzir solidariedade – não por escapar do egoísmo, como gostariam as boas almas, mas por submeter-se a ele! Triunfo do egoísmo: triunfo da solidariedade. É o retorno paradoxal de Hobbes (no sentido em que se fala de "retorno do recalque"), por meio de Hume ou Smith. Sempre podemos pensar que exista uma simpatia espontânea entre os humanos[65]. "Isso não faz ninguém comer pão", diria a dona da padaria. Mas o comércio, como tal, não necessita dessa

---

[65]. Era essa a posição de Adam Smith, menos como economista, é verdade, do que como filósofo da moral (*Teoria dos sentimentos morais*, 1759; Smith se aproxima aqui das posições do seu amigo David Hume, pelo menos no *Tratado da natureza humana*). Mas suas concepções de economista (*Uma pesquisa sobre a natureza e as causas da riqueza das nações*, 1776), longe de serem contraditórias às do moralista, são antes seu prolongamento invertido ou subvertido: ver a esse respeito o belo verbete "Adam Smith" de Jean-Pierre Dupuy, no *Dictionnaire d'éthique et de philosophie morale, op. cit.* Ver também, do mesmo autor, *Le Sacrifice et l'Envie, op. cit.* (o cap. III é consagrado a Adam Smith).

simpatia, nem desse pensamento. O egoísmo basta. É o que lhe dá sua força. É o que lhe dá sua eficácia. Comerciar não é se sacrificar. É o exato contrário disso, até: é uma maneira de ser um com o outro (*inter-esse*) ou de fazer negócio um com o outro, de forma mutuamente vantajosa. Senão, não haveria nem comerciantes nem fregueses.

O que é melhor, a solidariedade ou a generosidade? Moralmente, é claro que é a generosidade, porque ela é desinteressada (supondo-se que sejamos capazes de desinteresse) ou benevolente. Mas socialmente, economicamente, politicamente, historicamente, a solidariedade é muito mais eficaz! Se contássemos com a generosidade dos ricos para que os pobres tenham assistência médica, os pobres morreriam sem ela. Mas não contamos com a generosidade dos ricos, nem dos pobres aliás: inventamos uma coisa muito mais modesta em seu princípio (apesar de complicada em sua organização) que chamamos de Seguridade Social. É pesado, custa caro, poderia certamente ser melhor. Mas é um dos mais formidáveis progressos de toda a história social. Ora ninguém contribui para a Seguridade Social por benevolência, todos contribuem por interesse (ainda que certos mecanismos desagradáveis deixem claro para nós que é melhor contribuir, senão...). Não é generosidade, muito menos caridade (o que suporia contribuir para a Seguridade por amor ao próximo!), é solidariedade.

O mesmo vale para os seguros. Ninguém paga para proteger os outros, todos para proteger a si mesmo ou a seus próximos. Mas com isso todos são protegidos. Não é generosidade, muito menos caridade; é solidariedade.

O mesmo vale para os impostos. Ninguém paga imposto por generosidade, todos por interesse (ainda que certos controles bem-feitos nos persuadam de que é melhor para nós pagá-los, senão...). Generosidade? Claro que não. Solidariedade.

O mesmo vale para os sindicatos. Ninguém adere a eles por generosidade. Alguns aderem por convicção (principalmente política), todos por interesse. Generosidade? Seria se enganar quanto aos sindicatos. A função deles é inteirinha de solidariedade.

No entanto, a Seguridade Social, os seguros, o fisco e os sindicatos fizeram muito mais para a justiça e, em particular, para a proteção dos mais fracos do que o pouco de generosidade de que às vezes somos capazes! Solidariedade sindical, solidariedade fiscal, solidariedade securitária… É a verdadeira justiça (no sentido de justiça social), ou melhor, é a única maneira de se aproximar desta. Ainda há um grande caminho a percorrer, o que não deve apagar o caminho percorrido. É um caminho de solidariedade: um caminho de interesses convergentes. Uma sociedade de santos poderia prescindir desse caminho. Uma sociedade de homens, não, se ela quiser continuar sendo humana. A generosidade é moralmente mais admirável. A solidariedade, economicamente, socialmente e politicamente, é mais necessária, mais eficaz, mais urgente.

Generosidade: virtude moral. Ela nos diz em substância: já que somos todos egoístas, procuremos, individualmente, sê-lo um pouco menos.

Solidariedade: virtude política. Ela nos diz aproximadamente: já que somos todos egoístas, procuremos, coletivamente, sê-lo juntos e inteligentemente, em vez de sê-lo tolamente e uns contra os outros.

Não é preciso ser um luminar para entender de que lado está o comércio. Você é comerciante? Toda profissão é honrosa. Mas não finja que é comerciante por generosidade! Você tem interesse em sê-lo, e está ótimo assim. Aliás, seria um erro você se envergonhar: o caso de todos os seus parceiros é o mesmo. Se você contar com a generosidade dos fregueses, está frito. Se você contar com a generosidade dos seus assalariados, está frito. Se você contar com a generosidade dos seus acionistas, se você tiver, está frito. Se você contar com o interesse deles todos, terá boa possibilidade de se dar bem – contanto que você seja capaz de organizar e manter entre eles uma convergência objetiva de interesses, isto é, uma solidariedade!

Isso fixa os limites do comércio, logo também da economia, se for uma economia de mercado. Um empreendimento comercial (todos são: sempre há um momento em que é preciso vender) não está a serviço da humanidade, nem, acima de tudo, a serviço dos seus clientes ou dos seus assalariados. Está a serviço dos seus acionistas. É o que se chama capitalismo, que já demonstrou suficientemente sua eficácia. Imaginemos que você é empresário. Você precisa recrutar um profissional de vendas. O que você busca primeiro: um bom vendedor ou um vendedor bom? Bom vendedor, isto é, eficiente, que fatura e consegue boas margens. Ou vendedor bom, isto é, cheio de generosidade, de compaixão, de amor... Ambos? Seria o ideal, mas, na prática, nem sempre é possível: nenhum empresário pode aceitar que um vendedor seu faça os interesses do cliente prevalecerem sobre os interesses da empresa para a qual trabalha (a ponto de aconselhar a este outra empresa, quando os produtos desta forem melhores). Resumindo, você vai recrutar primeiro um bom vendedor! Mas o fato de ser um bom vendedor, muito mais que um vendedor bom, não lhe permite o que bem entender: a lei e a moral também devem, do exterior, estabelecer certos limites. Isso não é incompatível com seu interesse: seus clientes só lhe serão fiéis se você souber, no longo prazo, lhes inspirar confiança, o que deveria bastar para dissuadi-lo de satisfazer seus interesses prejudicando os interesses deles, seus clientes. Um bom vendedor nem sempre é um vendedor bom; mas, numa economia de livre concorrência, num Estado de direito e no longo prazo, ele tem todo interesse de não ser um vendedor desonesto!

Em suma, a moral, ao contrário do se pretende o Essec-IMD, não é uma fonte de lucro. Distinção das ordens: a moral não é rentável; a economia não é moral. Mas longe de rejeitar uma ou outra, é isso que nos obriga a ter as duas juntas (já que necessitamos das duas) e separadamente (pois seria ridículo confundi-las). O capitalismo não é moral. Cabe-nos portanto sê-lo, se pudermos. E como não podemos (no entanto só bastaria querer; e é justamente esse o problema: não queremos), cabe ao mercado (ordem nº 1) e à política (ordem nº 2) nos possibilitar viver juntos – não *apesar* de sermos egoístas, mas *por* sermos. Solidariedade mercantil (economia), solidariedade não mercantil (política): convergência de interesses. Não contemos nem com o mercado nem com o Estado para serem morais em nosso lugar. Mas não contemos tampouco com a moral para ser eficaz em lugar do mercado (para tudo o que está à venda) ou do Estado (para tudo o que não está).

Liberalismo ou ultraliberalismo?

"Sim à economia de mercado, não à sociedade de mercado!", disse um dia Lionel Jospin. A fórmula me convém. Não tenho nada contra a economia de mercado, aliás sou até a favor: não se encontrou nada melhor para criar riqueza – e como, sem riqueza, fazer a pobreza recuar? Mas o mercado também tem seu limite, que é estrito: ele só vale para as mercadorias, em outras palavras, pelo que está à venda (as mercadorias e os serviços, portanto, mas quando um serviço está à venda, é uma mercadoria como outra qualquer).

O reconhecimento desse limite é o que distingue, a meu ver, os *liberais* dos *ultraliberais*[66]. Se você acredita que tudo se vende, tudo se compra, então você é um ultraliberal: o mercado resolve tudo. Se, ao contrário, você acha que há coisas que não estão à venda (a vida, a saúde, a justiça, a liberdade, a dignidade, a educação, o amor, o mundo...), então não dá para submeter tudo ao mercado: é preciso resistir à *mercadorização* de toda a nossa vida, tanto individualmente (é o papel da moral e da ética) como coletivamente (é o papel da política). As três são necessárias. Mas, na escala da sociedade, é a política que é a mais eficaz: afinal, necessitamos de um Estado para organizar a parte não mercantil da solidariedade – para zelar, exatamente, pelo que não está à venda.

Meses atrás, participei de uma mesa-redonda com o economista Jean-Paul Fitoussi. Sempre li seus artigos na imprensa com muito interesse: conhecia mais ou menos as posições dele, que – com menos competência – costumo compartilhar. Mas retive uma fórmula, naquela noite, que nunca tinha lido sob sua pena e que me pareceu especialmente incisiva. "Foi cientificamente demonstrado por um economista americano muito sério", dizia ele, "que, num país ultraliberal, em que o Estado não interfere em nada na economia, o pleno emprego é garantido... a todos os sobreviventes."

---

66. Pode-se chamar de *liberal* todo pensamento que é favorável à liberdade de mercado (liberalismo econômico) e às liberdades individuais (liberalismo político). Isso não exclui, ao contrário supõe, certas intervenções do Estado, inclusive, se necessário, na esfera econômica. Assim é em Adam Smith e Turgot. E podemos chamar de *ultraliberal*, por diferenciação, todo pensamento que quer reduzir o papel do Estado ao mínimo indispensável (suas funções soberanas: justiça, polícia, diplomacia), o que supõe que ele se abstenha de qualquer intervenção na economia. Assim é em Frédéric Bastiat e em Milton Friedman. Ver a esse respeito Francisco Vergara, *Les Fondements philosophiques du libéralisme (libéralisme et éthique)*, La Découverte, 1992, reed. 2002, pp. 9-12. Em se tratando particularmente de Adam Smith, ficou estabelecido há muito tempo que ele nunca foi um partidário incondicional do *"laissez-faire"*.

A questão, como vocês entenderam, é a seguinte: o que fazer para os outros – se possível *antes* que morram? A essa questão a economia não responde. Cabe portanto à política fazê-lo.

Tomemos outro exemplo, mais concreto. Eu evocava a saúde, que não está à venda, que não é uma mercadoria... Vocês poderiam objetar que o remédio é uma mercadoria: um remédio se vende, se compra. De fato. É melhor então aproveitar a eficiência do mercado para essas mercadorias, iguais a quaisquer outras, que são os remédios. Todos nós sabemos que teremos remédios melhores num país capitalista, em que os laboratórios farmacêuticos são empresas privadas, do que num país coletivista, em que os laboratórios pertencem ao Estado. Não é um motivo para fazer da própria saúde uma mercadoria. Será necessário portanto encontrar, entre o mercado do remédio e o direito à assistência médica, algo que proteja este contra a invasão daquele. Na França, esse "algo" é o que chamamos de Seguridade Social. É pesado, dizia eu há pouco, custa caro, poderia ser melhor, mas é também um dos mais formidáveis progressos de toda a história social, que temos evidentemente de preservar.

Isso vale também, notemos de passagem, na escala do mundo. Que as empresas farmacêuticas protejam seus interesses, é ao mesmo tempo necessário, na ordem nº 1, e legal, na ordem nº 2. Mas não poderíamos aceitar, na ordem nº 3, que crianças morram de aids, por exemplo na África, porque não se autorizou a fabricação de genéricos. Portanto a política (no caso, a política internacional) tem de intervir – não para abolir o mercado, a que devemos esses remédios, mas para limitar seus efeitos, do exterior, quando são política e moralmente insuportáveis.

Distinção das ordens. Acabou-se entendendo, inclusive à esquerda, que o Estado não era muito bom para criar riqueza: o mercado e as empresas fazem mais e melhor. Seria hora de entender, inclusive à direita, que o mercado e as empresas não são muito bons para criar justiça: somente os Estados têm uma chance de criá-la, mais ou menos.

A moral? Tampouco ela está à venda. Mas ela está ao encargo dos indivíduos, não do Estado, e não poderia bastar (salvo numa sociedade de santos, de novo, mas estamos longe disso!) à justiça.

Resumindo, quanto mais se é lúcido sobre a economia e sobre a moral (sobre a força da economia, sobre a fraqueza da moral), mais se é exigente sobre o direito e a política. É sem dúvida o que há de mais inquietante, na França, na época que atravessamos: que essa ordem decisiva (a ordem jurídico-política: a única a permitir que os valores dos indivíduos, na ordem nº 3, tenham alguma influência sobre a realidade da ordem nº 1) seja a tal ponto desvalorizada e desacreditada. Que os homens políticos têm sua parte de responsabilidade nesse quadro, infelizmente é mais do que claro. Mas, enfim, é bom lembrar que, numa democracia, os cidadãos têm os políticos que merecem.

Conclusão

Essa distinção das ordens, que propus a vocês, não é mais que uma grade de leitura ou de análise. Ela não resolve por si mesma nenhum problema. Parece-me que muitas vezes nos possibilita colocá-los melhor. Digamos que é uma ferramenta de análise e uma ajuda para tomar decisões. Mas, para que o seja, os indivíduos têm de se apossar dela. Um computador pode resolver um problema; somente um indivíduo pode tomar uma decisão. Um computador pode ser eficiente; somente um indivíduo pode ser responsável. Quanto aos grupos, só podem tomar uma decisão ou dar prova de responsabilidade na medida em que os indivíduos o façam primeiro: é o princípio do sufrágio universal, em nossas democracias, e da gestão, em nossas empresas. Quando essas quatro ordens vão na mesma direção, não tem problema, como eu disse: vão em frente e aproveitem. Mas e quando elas se opõem? Ou quando elas *nos* opõem, no seio de um grupo, uns aos outros? Como escolher? Como decidir? Seria bom hierarquizar essas quatro ordens para poder decidir. É possível? Sim, mas de duas maneiras diferentes, se não opostas.

Vocês compreenderam que eu as apresentei numa hierarquia ascendente: da mais baixa, a ordem econômica-técnica-científica, à mais elevada, a ordem ética, a ordem do amor. Sim, em termos de valor; sim, subjetivamente, para o indivíduo. É o que chamo de *hierarquia ascendente das primazias*, que lhes proponho distinguir (aproveitando também aqui uma distinção terminológica que a língua nos proporciona) do que chamarei de *encadeamento descendente dos primados*. Em francês, temos duas palavras: *primat, primauté* [primado, primazia]. Tratemos de utilizá-las para enxergar melhor o problema. Proponho-lhes chamar de *primazia* o mais alto valor, numa hierarquia subjetiva de avaliações, em outras palavras, o que vale mais, subjetivamente, para o indivíduo; e entender por *primado* o que é objetivamente mais importante, para o grupo, num encadeamento objetivo de determinações. Aí vocês verão que tudo se inverte. Não estamos mais diante de uma só hierarquia ascendente, mas de duas hierarquias cruzadas: uma que sobe (a hierarquia ascendente das primazias), outra que desce (o encadeamento descendente dos primados).

Vou lhes mostrar rapidamente os dois extremos. O que vale mais, subjetivamente, para os indivíduos que somos? Claro, pode depender dos casos... Mas creio que a maioria de nós – é nossa cultura, e é também um dado do coração humano – responderia, como eu mesmo faria, que o que vale mais para os indivíduos, subjetivamente, é o amor: amar, ser amado. Os que têm filhos talvez digam: "O que vale mais, para mim, são meus filhos." Mas dizem isso porque os amam. Dá na mesma: primazia do amor. Concretamente, isso significa que, se alguém na sala responder: "Não, de jeito nenhum, para mim o que vale mais não é o amor, é o dinheiro", haverá certo mal-estar. Os outros vão se dizer, se o conhecerem (por exemplo, se trabalham com ele): "Eu achava esse cara legal, é um bom profissional, mas na verdade deve ser um pobre coitado."

Sim, porque alguém que põe o dinheiro acima do amor é o que chamamos de um pobre coitado. Primazia do amor, portanto, para os indivíduos: subjetivamente, o amor é um valor mais elevado.

Muito bem. Mas e para os grupos, objetivamente, o que é mais importante? Tomemos um grupo ao acaso: a empresa em que vocês trabalham ou, talvez, dirijam. Imaginem que, na empresa de vocês, de repente, por um motivo qualquer, não exista mais amor algum. O que aconteceria?

Quando estou pessimista, eu me digo que nem daria para perceber a diferença. O assalariado que bate seu ponto de manhã não faz isso por amor: ele continuaria batendo à mesma hora. O contabilista que prepara os holerites não faz por amor: ele continuaria a fazê-los da mesma maneira. Os assalariados trabalhariam de maneira idêntica, seriam pagos de maneira idêntica: não daria para ver a diferença.

Quando estou otimista, eu me digo que a vida, nessa empresa, seria um pouco mais difícil e triste do que é, e a empresa, sem dúvida, um pouco menos eficiente. Mas, enfim, a diferença, do ponto de vista econômico, é marginal. É provável que o contabilista ou os acionistas não se dariam conta de nada.

Imagine, ao contrário, que na mesma empresa, de repente, por um motivo qualquer, não haja mais dinheiro algum. A diferença é espetacular: no dia em que o banco se cansar de esperar, não haverá mais empresa. Primazia do amor, para o indivíduo; mas primado do dinheiro, para o grupo.

Vou poder repartir essa dialética do *primado* e da *primazia*, rapidamente, entre as minhas quatro ordens. Direi, por exemplo: primazia da política sobre as ciências, as técnicas, a economia. Para o indivíduo, a política é um valor mais elevado[67]. Subjetivamente, é claro. Mas para o grupo,

---

67. Mais elevada que as ciências e as técnicas, porém não mais elevada do que a verdade! Ao contrário: o amor à verdade é um valor mais elevado, para

objetivamente, o que é mais importante? O que seria da política, o que seria do Estado, o que seria da nossa democracia, se de repente as técnicas parassem de funcionar? As usinas não produziriam mais eletricidade, as empresas não criariam mais riquezas, os agricultores não forneceriam mais alimentos... O que seria da nossa democracia? A resposta é de uma simplicidade cruel: acabaria. Suprimam o Estado, o que seria da economia? Não acabaria, claro: nos ramos dos seguros, da banca, tornaria as coisas bem difíceis; mas no da construção civil, da agroindústria, da agricultura, *a fortiori* do comércio de armamentos, continuaria havendo negócios a fechar... Aliás, se a economia não houvesse começado *antes* do Estado, nunca teria existido Estado. Passar do paleolítico ao neolítico, o que é uma das maiores revoluções por que a humanidade já passou (sem dúvida até, pensando bem, a mais importante de todas), não foi uma decisão política... Primazia da política, portanto, mas primado da economia. Cá entre nós, há um intelectual que pensou isso com certa clareza. É Marx: *primado da economia*, são suas próprias palavras; *primazia da política*, ele nunca disse isso desse modo, que eu saiba, mas isso está no cerne do seu pensamento.

Posso dizer a mesma coisa: primazia da moral sobre a política. Para o indivíduo, a moral é um valor mais elevado. É melhor perder as eleições (ordem n° 2), do que perder a alma (ordem n° 3). Se quem popularizou essa fórmula viveu ou não em conformidade com ela, é problema dele, não meu, mas a fórmula é justa: para o indivíduo,

---

todo espírito livre, do que o interesse da nação ou do Estado. Isso abala nossa hierarquia das primazias? De jeito nenhum, porque esse amor à verdade pertence às ordens n° 3 e n° 4, e não à ordem n° 1 (as ciências não amam a si mesmas). Um espírito livre pode colocar a verdade acima do interesse nacional, ao mesmo tempo que põe o direito e a política acima das tecnociências. É o que distingue o racionalismo do cientificismo ou do tecnocratismo.

subjetivamente, a moral é um valor mais elevado. Mas e para o grupo, objetivamente, o que é mais importante?

Por exemplo, o que restaria da moral sem o direito, sem a política, sem o Estado? Que moral, como se dizia no século XVIII, no estado de natureza, no estado sem Estado? Aqui também a resposta é de uma simplicidade cruel: no estado de natureza, pelo menos é o que penso com Hobbes[68], não há moral alguma. Primazia da moral, primado da política.

Posso dizer enfim: primazia do amor sobre a moral. Se é para agir bem, por assim dizer, mais vale agir bem *por amor*, alegremente, espontaneamente, do que *por dever*, o que supõe a coerção, a obrigação, uma forma de tristeza... Quem não preferiria, nesse sentido, ser espinosista a ser kantiano? Claro que, subjetivamente, o amor é um valor mais elevado! É o espírito dos Evangelhos, tal como Santo Agostinho o resumirá genialmente: "Ame e faça o que quiser." Mas para o grupo, objetivamente, o que é mais importante? E, em particular, o que restaria do amor sem a moral? Minha resposta, no caso, é a de Freud: não restaria nada. Sem a moral, só haveria a pulsão, só "isso", como diz Freud, só o desejo, só a sexualidade. É unicamente na medida em que a pulsão se choca com o interdito – notadamente na forma da proibição do incesto – que o desejo se *sublima*, como diz Freud, em amor. Suprimam o interdito, suprimam a moral, e não haverá mais sublimação, não haverá mais amor: não haverá mais que desejo. Primazia do amor, primado da moral.

---

68. *Leviatã*, cap. XIII. No estado de natureza, porém, há "leis naturais", mas que não passam da racionalização do interesse, sem intenção propriamente moral (*Ibid.*, caps. XIV e XV). Precisa Hobbes: "Costuma-se chamar pelo nome de *leis* essas prescrições da razão, mas é impróprio: na verdade, elas não são mais que conclusões ou teoremas acerca do que favorece a conservação e a defesa dos homens" (*Léviathan*, cap. XV, p. 160, da ed. Tricaud, Sirey, 1971; ver também p. 285).

Em poucas palavras, o que vale mais para os indivíduos nunca é o que é mais importante para os grupos. E vice-versa: o que é mais importante para os grupos nunca é o que vale mais para os indivíduos. Ora, todo grupo é composto, por definição, de indivíduos, e todo indivíduo é parte integrante de um ou vários grupos... E, depois disso, vocês ainda se espantam com que a vida seja tão difícil e complicada? Digamos que ela é *trágica*, no sentido filosófico do termo: não porque estaria sempre fadada à desgraça e ao drama, mas porque nos coloca diante de contradições que nunca podemos resolver totalmente nem superar de uma vez por todas – ainda mais porque elas opõem posições que são todas legítimas, do ponto de vista de cada uma delas (vejam Antígona e Creonte). Nesse sentido, o trágico é o contrário da dialética[69], ou é uma dialética sem perdão. Nunca há uma síntese plenamente satisfatória, nunca há superação (a *Aufhebung* hegeliana) sem perda, nunca há "negação da negação", nunca há reconciliação definitiva ou total, nunca há consolo absoluto, nunca há vida somente de repouso... O contrário do trágico é o paraíso. O do paraíso é a vida como ela é.

Isso vale para cada indivíduo, que é por si só uma tragédia suficiente. Mas vale *a fortiori* entre o indivíduo e o grupo.

Vocês talvez conheçam este título, o do mais célebre livro de Simone Weil, aliás um dos mais bonitos, *O peso e a graça*... O que Simone Weil entende por *peso* é tudo o que desce e faz descer; o que ela entende por *graça* é tudo o que sobe e faz subir. Retomando essas duas expressões, eu diria que os grupos sempre estão submetidos ao peso, tanto mais quanto mais forem numerosos: eles ten-

---

69. Como percebeu Gilles Deleuze, *Nietzsche et la philosophie*, PUF, 1962, reed. 1977, cap. I, §§ 4 e 5.

dem a descer, isto é, a privilegiar as ordens de baixo, que são de fato, para eles, as mais importantes. Lógica descendente dos primados. Mas os indivíduos têm outros valores, outras exigências – outras primazias. Vocês conhecem a fórmula de Renaud*: "Eu sozinho sou uma turma de jovens inteira." Se fosse para levá-la a sério, seria a própria fórmula da barbárie. Idem no caso de alguém que dissesse: "Eu sozinho sou uma empresa inteira." Você trabalha na IBM? Ninguém vai criticá-lo por isso, em todo caso eu é que não. Mas você não é a IBM. Você dirige uma empresa? Muito bem. Mas você não é essa empresa. De modo que os indivíduos – *todos* os indivíduos – são chamados a galgar essa hierarquia ascendente das primazias, enquanto os grupos não param de descer o encadeamento descendente dos primados. Não porque os grupos seriam ruins ou perversos! Mas porque tendem a privilegiar, legitimamente, o que para eles é, de fato, objetivamente, mais importante.

Insisto no "legitimamente". Quando os assalariados de uma empresa entram em greve para pedir um aumento de salário, se o empresário lhes responder: "Escutem, rapazes, leiam Comte-Sponville: primazia do amor! Não posso pagar mais a vocês, mas, em compensação, doravante, juro, vou amá-los muito mais...", é claro que não serão os assalariados que cairão no ridículo, e sim o patrão. No entanto é verdade que cada um dos assalariados põe, de fato, subjetivamente, o amor acima do dinheiro. Basta que um dos filhos fique gravemente doente para que, de repente, só isso passe a contar. Sim. Mas eles não têm os mesmos filhos. Não têm os mesmos amores. Têm o mesmo patrão. De modo que, se cada um dos assalariados, individualmente, põe o amor acima do dinheiro, coletivamente, no entanto (por exemplo, no âmbito do sindicato ou da comis-

---

* Cantor e compositor pop francês. (N. do T.)

são), eles consideram que o dinheiro é mais importante. E têm razão: primazia do amor, primado do dinheiro.

Os grupos descem: eles estão submetidos ao peso. Não tomem isso num sentido pejorativo. O peso é também e antes de mais nada uma força (a gravitação universal), que faz as casas, as pontes ficarem em pé, que nos possibilita andar e até voar (graças aos nossos aviões, que nem por isso a anulam). A força dos grupos, no caso, está em impor uma lei comum, que necessariamente passa pela razão: nossos desejos individuais nos opõem (e tanto mais que quase sempre desejamos as mesmas coisas[70]); somente a razão, que é comum a todos, pode nos unir[71]. Mas essa força – como toda força – também é um perigo, se vocês se entregam a ela. O cansaço nos leva a isso. O número nos leva a isso. Num grupo, tanto mais quanto mais numeroso for, o amor tende a se degradar em moral, quando não em moralismo; a moral tende a se degradar em política, isto é, em relações de forças; a política tende a se degradar em técnica, em economia, em gestão.

Esse *peso* poderá variar, conforme os grupos considerados (ele não é o mesmo numa empresa e num partido político) e, sobretudo, conforme a dimensão destes: ele não é o mesmo numa microempresa e numa multinacional. Imaginemos um pedreiro que emprega dois assalariados: um é seu cunhado, outro um amigo de infância. As

---

70. É aqui que intervém o que René Girard chama de *desejo mimético*, que Espinosa pensava (de maneira, a meu ver, mais radical) como uma *imitação dos afetos*: ver a esse respeito o que eu escrevia no meu *Traité du désespoir et de la béatitude, op. cit.*, cap. IV, seção VII, pp. 102-9 (pp. 467-75 na reed. "Quadrige", num só volume [*Viver, op. cit.*, cap. I, seção VII, pp. 125-33]).

71. É o que Espinosa teorizou admiravelmente: ver a esse respeito o que eu escrevia no meu *Traité du désespoir et de la béatitude, op. cit.*, cap. II, seção VI, pp. 162-7 (reed. "Quadrige" num só volume, pp. 187-93 [*Tratado do desespero e da beatitude, op. cit.*, cap. II, seção VII, pp. 191-7]).

relações pessoais, morais, afetivas desempenham um papel fundamental entre eles – às vezes a ponto de comprometer o bom andamento da empresa (sua rentabilidade)! Numa empresa de trinta mil assalariados, é diferente. Mas, mesmo nesta, o peso dependerá da escala considerada. Por exemplo, numa mesma sala da administração: trabalham ali três ou quatro assalariados que se conhecem há anos, que talvez sejam amigos. As relações pessoais entre eles serão freqüentemente mais importantes do que as relações econômicas ou hierárquicas. Nenhum vai prejudicar um colega de sala, nem mesmo no interesse da empresa! Já naquele andar, em que trabalham cinqüenta assalariados, é diferente. As relações pessoais, morais, afetivas são menos importantes; as relações profissionais, econômicas ou hierárquicas, mais. No prédio da administração, em que há oitocentos assalariados, a tendência se acentua. Menos afetividade, menos moral, mais relações de forças. Enfim, na empresa inteira, em que há trinta mil assalariados, o peso é máximo: as relações afetivas ou moral são quase nada; as relações de poder e de interesse, quase tudo.

O peso varia em função dos grupos e do tamanho destes. Mas sempre atua. Lembro-me de ter evocado essa noção, alguns anos atrás, aos Companheiros de Emaús. Depois da minha conferência, um velho padre vem me ver e murmura: "O que o senhor disse do peso, como é verdade no caso da Igreja católica!" É verdade também, e sem dúvida *a fortiori*, no caso das nossas empresas. Nada de mais normal nisso, insisto. Os grupos tendem a privilegiar o que, para eles, é efetivamente mais importante e que se joga principalmente nas ordens nº 1 e nº 2. Eles estão submetidos ao peso. É a lei dos grupos: é o plano inclinado dos primados. Somente os indivíduos têm, às vezes, algo que se parece com a graça, como diria Simone Weil, ou seja, a capacidade de ascender, pelo menos um pouco, dos imperativos científicos, técnicos, econômicos, à política (é o que se chama um estadista, quando ele consegue arrastar um povo consigo, é o que se chama de carisma num dirigente); de ascender, pelo menos um pouco, da política à moral (é o que se chama um homem de bem); de ascender, pelo menos um pouco, da moral ao amor (é o que se chama um homem de coração).

Os grupos são submetidos ao peso; somente os indivíduos têm às vezes alguma coisa que se parece com a graça, ou seja, com a capacidade de ascender – pelo menos um pouco, pelo menos às vezes – esse plano inclinado que os grupos não param de descer. No entanto, como essa palavra *graça* é um pouco religiosa demais para que eu possa fazê-la absolutamente minha, direi simplesmente que para subir um pouco as duas no qual os grupos não cessam de nos arrastar para baixo, só conheço três coisas: o amor, a lucidez e a coragem.

Que elas bastem, está aí o que nunca é garantido, e que torna toda e qualquer *suficiência* ridícula.

Mas onde elas estão ausentes, como poderíamos ter êxito?

PERGUNTAS A
ANDRÉ COMTE-SPONVILLE

Sou empresário, crio empregos. O senhor não acha isso moral?

Em todo caso, não acho imoral! Resta saber *por que* o senhor emprega... Por amor à humanidade? Para ajudar os desempregados? Difícil acreditar. Não que duvide da sua humanidade, de que não sou juiz, mas porque o senhor é empresário, precisamente, e não presidente de uma associação humanitária. Não creia que eu o esteja criticando: nós precisamos muito mais de empresas eficientes do que de associações humanitárias, por mais admiráveis que sejam! O humanitarismo é para os pobres; a empresa é para criar riqueza. E quem não prefere a riqueza? Quem não prefere a fartura à dependência? O humanitarismo é moralmente mais admirável; a empresa, do ponto de vista econômico e social, é muito mais importante. Quem não põe o Abade Pierre acima do mais talentoso dos empresários? Mas quem não prefere ganhar a vida numa empresa a depender de associações caritativas? Primazia da moral, primado da economia. O dinheiro que nossas associações humanitárias distribuem precisou ser produzido antes. E onde, senão nas empresas?

Mas vamos ao fundo. Se o senhor der emprego por razões morais, nunca vai parar de empregar, inclusive quando não for do interesse da sua empresa. Duvido que isso dure muito tempo... Vou lhes contar uma história. Uma das primeiras vezes que intervim diante de um público de empresários, fiz uma conferência bem parecida, quanto ao fundo, com esta que vocês acabaram de ouvir. No debate, para resumir minhas palavras, eu disse: "Resumindo, o que o corpo social espera de vocês, empresários, não é que vocês sejam cheios de amor e de generosidade (se forem, melhor, mas é muito mais um problema de vocês do que nosso). O que se espera de vocês é que vocês criem empregos." Um dos empresários presentes meneia negativamente a cabeça e me diz: "É nos pedir demais. Uma empresa não é feita para criar empregos, mas para gerar lucro." Ele tinha razão, é claro: era mais lúcido do que eu. Mas, no fundo, que dizia ele que Marx já não houvesse dito? A finalidade de uma empresa num país capitalista não é combater o desemprego, é gerar lucro: a empresa só contrata quando isso não compromete a rentabilidade – e demite, se necessário, quando é a única maneira de preservá-la ou aumentá-la. Sistema amoral, cruel às vezes, mas que se revelou – econômica e socialmente – mais eficaz (inclusive para os assalariados) do que qualquer outro sistema já experimentado pela humanidade. Os alemães orientais não se enganaram. A riqueza da RFA fez no mínimo tanto quanto o amor à liberdade para derrubar o Muro de Berlim...

Outra história. Foi na época em que Alain Juppé era primeiro-ministro. Os encargos patronais tinham sido reduzidos, a pretexto de criar empregos. Um empresário me disse: "Reduzem meus encargos para que eu contrate. E o que eu faço? Baixo os preços, mas não contrato – para conquistar parcelas de mercado. Se, de tanto conquistar parcelas de mercado, eu necessitar um dia contratar, é claro que vou contratar com prazer (todo empresário que não seja um perverso prefere contratar a demitir)! Mas pedir-me para contratar, quando isso não é do interesse da minha empresa, é me pedir para fazer mal meu trabalho: não contem comigo para isso!" Esses discursos podem parecer cínicos. Mas é porque o cinismo não passa da verdade nua e crua, quando pára de se esconder atrás da moral.

A finalidade de uma empresa, num país capitalista, não é criar empregos, mas gerar lucro. Cabe a nós, cidadãos, nos perguntar como fazer para que uma empresa, a fim de gerar lucro, tenha com maior freqüência interesse em contratar do que em demitir ou transferir sua empresa de país. Questão política, evidentemente decisiva. Mas contar com a consciência moral ou patriótica dos empresários para combater a relocalização de empresas e o desemprego é, sem dúvida nenhuma, querer iludir-se! É dar prova de angelismo: é contar com a ordem nº 3 para resolver os problemas da ordem nº 1.

A finalidade de uma empresa não é gerar lucro: é criar riqueza! E todo o mundo sai ganhando!

Não vamos jogar com as palavras. Criar riqueza? Claro, mas para quem? Em primeiro lugar, para aquele ou aqueles que possuem a empresa! É o que se chama lucro: valor criado por investimentos e trabalho, que pertence aos que investiram (tenham trabalhado ou não). Todo o mundo sai ganhando? Sim, mal ou bem, na maioria das vezes, mas muito desigualmente! Os que possuem a empresa (os capitalistas) normalmente enriquecem mais depressa que os que nela trabalham... Não estou criticando ninguém por isso. É a lógica do sistema, e esse sistema é ao mesmo tempo legítimo, do ponto de vista jurídico (pelo menos enquanto a democracia assim decidir), e eficiente, do ponto de vista econômico. O lucro também é um prêmio à inovação (Schumpeter insistiu muito nisso[1]) e ao risco; é o que torna o capitalismo tão eficiente. Mas isso não é um motivo para esconder o rosto! Essa riqueza que vem do que se *possui* (propriedade privada dos meios de produção e de troca) e não do que se *faz* (um trabalho), essa parte da mais-valia ou do valor acrescentado que não é usada nos investimentos (máquinas, matérias-primas, etc.) nem nos salários, é o que se chama lucro, ou não é?

Enfim, e sobretudo, criar riqueza não é em absoluto específico do capitalismo! Todo modo de produção, por definição, faz isso. O escravagismo fazia isso, o feudalismo fazia isso, o socialismo fez isso durante setenta anos, na URSS, talvez outro sistema vá fazê-lo daqui a alguns séculos ou décadas... Mas nós vivemos num país capitalista. Já é hora de tentar entender o que isso quer dizer!

O senhor diz que o capitalismo não é moral... O socialismo é mais?

Sim, infelizmente! Pelo menos era esse o projeto dos seus partidários. Não estou falando aqui do socialismo liberal ou socialdemocrata, de um Lionel Jospin ou de um Laurent Fabius, que não passa de capitalismo um pouco mais bem (em princípio!) regulado... Falo do socialismo no sentido marxista do termo, baseado na propriedade coletiva dos meios de produção e de troca (é por isso que podemos chamá-lo de estatismo). Em que é mais moral? No fato de que, sendo a riqueza coletiva e gerida pelo Estado, pode-se em princípio pô-la a serviço da coletividade,

---

1. Joseph Schumpeter, *Théorie de l'évolution économique*, 1912, trad. fr. Dalloz, 1935, reed. 1983 (ver principalmente o cap. II).

a começar pelos mais pobres, e não mais, como num país capitalista, a serviço primeiramente dos mais ricos. Mas, como eu dizia na minha exposição, é precisamente porque o capitalismo é amoral que é tão eficiente (o que não impede nem os desvios de rumo nem os horrores). Ele funciona com base no egoísmo. Não é por nada que funciona a todo vapor! Inversamente, é precisamente porque o socialismo se pretende moral que não funciona, ou funciona mal, ou só pode funcionar (pois a moral, na escala da sociedade, se mostra impotente) pela burocracia, os controles policiais, a coerção, às vezes o terror. Cabe aos historiadores, e não à moral, explicar isso. Moralmente, em compensação, não podemos deixar de constatar a amplitude dos estragos. Assim, passou-se, como eu dizia, da bela utopia marxista do século XIX aos horrores totalitários do sovietismo no século XX. Tomar o poder não é o mais difícil. Depois disso é preciso transformar a humanidade, em todo caso tentar fazê-lo (pela propaganda, a lavagem cerebral, a militarização da juventude, os campos de reeducação, o terrorismo de massa...), até o momento em que, não conseguindo, o sistema já não procura mais que durar – em benefício principalmente de alguns burocratas – e mascarar seus fracassos. Começa-se por uma vanguarda revolucionária e humanista. Acaba-se com uma *nomenklatura* de velhotes caquéticos e corruptos... Sim, o socialismo, tal como Marx concebeu, era moral. Foi o que fadou seus sucessores ao fracasso e a imoralidade.

O senhor não falou da igualdade...

Aflorei o tema, nem que negativamente... Mas tem razão: eu deveria ter falado de maneira mais explícita. Em que igualdade está pensando? Na igualdade de todos os seres humanos em direito e em dignidade? É um valor moral essencial, que a política e o direito procuram respeitar mais ou menos, em nossos países... Estamos bem longe: o combate continua! Mas talvez o senhor pense numa igualdade social ou econômica? Nesse caso, há que dizer que ela está mais ou menos excluída pelo capitalismo, que quer ao contrário que a riqueza seja um fator de enriquecimento e que os próprios talentos individuais sejam uma fonte de desigualdade. Um filho de família rica geralmente morrerá mais rico, em nossos países, do que o filho de uma família pobre. E um homem talentoso e trabalhador, quase sempre mais rico que um imbecil preguiçoso (a não ser, como às vezes acontece, que o imbecil em questão seja de família rica). Isso é bom? Isso é ruim? Moralmente, não é nada satisfatório. Por que alguém que já tem a sorte de ter talento e exercer uma profissão apaixonante deveria ser mais rico que aquele, menos talentoso, que só pode exercer funções ingratas? Mas, do ponto de vista econômico, outro sistema estritamente igualitário, seria melhor? É duvidoso. Se ninguém pode se enriquecer, para que trabalhar mais e melhor que o mínimo obrigatório? Por que querer superar-se, se não se pode superar os outros? Por amor? Por generosidade? Por senso cívico? Vamos parar de sonhar! Uma sociedade igualitária, supondo-se que possa permanecer como tal (o exemplo da URSS, com sua *nomenklatura*, não nos deixa muito otimistas sobre esse ponto), tem toda chance de se tornar uma sociedade de pobres e, sem dúvida, como Mandeville e Voltaire viram, uma pobre sociedade.

Isso me faz pensar num fragmento de Pascal, que eu poria com prazer como epígrafe do nosso encontro: "A igualdade dos bens é justa, mas..." Mas o quê? Pascal não termina a frase. Gostaria de completá-la: mas a política e o direito decidiram de outro modo (a lei, em nossos países, garante a propriedade privada, logo também a diferença das riquezas); mas essa igualdade, mesmo se moralmente justificada, seria economicamente contraproducente, inclusive para os que são hoje os mais pobres; mas ela só é possível pela multiplicação dos controles e das imposições, que leva ao totalitarismo; mas ela desencoraja as energias, o risco, a criatividade... Seria um preço alto demais. Para que o igualitarismo, se ele também prejudica os mais fracos? Resta então, se renunciamos à igualdade social e econômica, limitar a desigualdade, compensá-la (tanto quanto possível sem prejudicar a maioria) mediante uma política social de redistribuição, de serviços públicos e de igualdade de oportunidades. É o que se chama democracia, não? É menos exaltante do que uma revolução comunista das boas, mas também menos perigoso e mais eficaz.

É nessa questão da igualdade que se trava boa parte do embate direita-esquerda. "Ser de esquerda", dizia-me recentemente um amigo, "é lutar antes de tudo pela justiça social, em outras palavras, pela igualdade." Concordo. Um homem de direita, hoje em dia, lutaria pela liberdade, pela eficiência, pela justa retribuição dos méritos e dos talentos... Não que ele seja contra a igualdade. Mas a igualdade de direito e de dignidade lhe basta. Essas duas posições são respeitáveis. Às vezes penso que a esquerda tem moralmente razão (a igualdade dos bens seria justa; logo é moralmente justo tender a ela) e que a direita tem economicamente razão (pela preocupação com a eficiência e com o realismo: a desigualdade é mais eficaz). Claro, não é tão simples assim, mas isso talvez possa explicar por que a esquerda fica tão à vontade na oposição (sempre há desigualdades a combater) e tão pouco no poder (em que é preciso procurar ser eficaz). Ser ministro da Economia e das Finanças num governo de esquerda é quase sempre tão difícil quanto ser ministro da Educação num governo de direita. Mas aí saímos da filosofia para entrar no debate de opiniões...

O senhor se diria de esquerda ou de direita?

Filosoficamente, não creio que isso seja muito importante. Não, claro, que eu conteste a pertinência da oposição direita-esquerda, que ao contrário me parece necessária e estruturante. Mas eu não gostaria que meus livros só se dirigissem à metade da humanidade! Aliás, nunca me interroguei para saber se os filósofos que aprecio ou admiro são de direita ou de esquerda... Que sabemos das opiniões políticas de Epicuro? Quase nada. Isso não impede que seu pensamento (inclusive seu pensamento político) seja apaixonante. Montaigne era sem dúvida conservador; mas é por isso um filósofo de direita? E Leibniz? E Hume? E o próprio Marx? Não são as opiniões políticas deles que nos interessam, mas a luz que projetam nas opiniões de todos. É também o que eu gostaria de fazer, como filósofo, em vez de assinar, como tantos outros, petições ou editoriais.

Bom, vou lhe responder. Sempre votei na esquerda (salvo no segundo turno da última eleição presidencial, em que, é claro, votei em Chirac, contra Le Pen) e com tanto mais satisfação, no último período, por ter grande apreço por Lionel Jospin (muito mais, cá entre nós, do que tive por François Mitterrand). Isso não impede que muitos militantes de esquerda ou de extrema esquerda me tratem com desdém de *social-liberal*. E daí? Já era a posição de Alain: a favor da liberdade de mercado, por ser economicamente mais eficaz do que o coletivismo e o estatismo, e a favor de que o Estado sempre procure compensar os efeitos mais injustos dessa liberdade. O liberalismo não é nem a ausência de regras, nem a demissão do Estado! O mercado necessita de regras não mercantis (se o direito comercial estivesse à venda, não seria mais liberalismo: seria uma economia mafiosa, do tipo daquela que, sob certos aspectos, vigorou na Rússia na década de 90). Ele necessita de um Estado que não seja uma mercadoria. Nesse ponto, a direita e a esquerda podem se entender, se esta renunciar ao estatismo, se aquela renunciar ao ultraliberalismo. Ainda assim, elas continuariam diferentes, em sua cultura, em suas metas, em seu eleitorado. Foi a esquerda, em todo caso na França, que lutou pelo sufrágio universal, pelas liberdades sindicais, pela escola laica, pelo imposto de renda, pelas férias remuneradas... E a direita, nestes cinco casos, era majoritariamente contra. Isso não quer dizer que a esquerda tenha sempre razão em tudo (em política econômica, por exemplo, em 1981 ela se enganou nitidamente), nem que a direita esteja sempre errada (foi ela, por exemplo, na França, que deu o direito de voto às mulheres, que firmou a paz na Argélia, que descriminalizou o aborto...). O conflito entre a direita e a esquerda não é o conflito entre o bem e o mal, nem entre o verdadeiro e o falso! É o conflito entre duas concepções políticas, cada uma delas portadora de uma história e exprimindo certo número de interesses. É bom que seja assim. Uma democracia necessita desses dois pólos, entre os quais ela se organiza. É o princípio da democracia parlamentar. É o princípio da alternância. Mas eu me sinto muito apegado à esquerda há muito tempo para ter vontade de mudar – mesmo quando esta ou aquela medida da esquerda (as nacionalizações, as 35 horas) me parecem pouco simpáticas ou pouco credíveis. Em compensação, tenho muita estima por Lionel Jospin, como já disse, mas também por Michel Rocard, Jacques Delors, Bernard Kouchner (que é meu amigo), Henri Weber (outro amigo), Nicole Notat, Daniel Cohn-Bendit... Parece-me que, desse lado, se busca alguma coisa que seria uma maneira de reconciliar a esquerda e o mercado, digamos, com Monique Canto-Sperber, o socialismo (mas não no sentido marxista do termo) e a liberdade (inclusive a liberdade econômica)[2]... Em suma, eu me definiria como um liberal de esquerda. Em muitos países, seria um pleonasmo. Seria um equívoco, na França, considerar isso um oximoro. Era a posição de Alain, como disse. É hoje, no mundo inteiro, a de numerosos intelectuais (não se trata de um argumento, apenas de uma constatação). Nova traição dos letrados? Não creio. Ao contrário, vontade de levar a história a sério. Os liberais de esquerda são os que constatam o fracasso do marxismo, sem renunciar com isso a agir pela justiça (inclusive a justiça social) e pela liberdade (inclusive a liberdade econômica). Não é minha família política de origem, mas é aquela de que me sinto, hoje, menos distante. Mais moço, não é um segredo (eu tinha dezesseis anos em 1968; é melhor que uma desculpa: uma sorte), sonhei, como tantos outros, com uma revolução democrática e pacífica, com uma sociedade sem classes e sem Estado, sem alienação, sem opressão, sem injustiça, o que Marx chamava de comunismo... Era um lindo sonho, de que foi preciso despertar. Não me lembro se a fórmula é de George Orwell ou de George Bernard Shaw: "Quem não é comunista aos vinte anos não tem coração; quem continua sendo aos quarenta não tem cabeça." É só uma *boutade*, mas direi que não me faltou nem uma coisa nem outra...

Eu falava do lindo sonho comunista... Isso me faz lembrar de uma das minhas últimas conversas com meu mestre e amigo Louis Althusser. Foi meses antes da sua morte. Falávamos de política... Evoco o fracasso em toda

---

2. Monique Canto-Sperber, *Les Règles de la liberté*, Plon, 2003; *Le Socialisme libéral (Une anthologie: Europe, États-Unis)*, Éditions Esprit, 2003.

parte do comunismo, a impossibilidade doravante de acreditar nele... Louis me interrompe: "O comunismo como sistema político, claro, acabou! Mas é o essencial? No fundo, o que é o comunismo? É uma humanidade livre das relações mercantis. Ora, veja, você e eu... Não tenho nada para te vender nem para comprar de você, você não tem nada a comprar de mim nem a vender para mim... Não há entre nós dois nenhuma relação mercantil. Entre você e mim, aqui e agora, é o comunismo!" Ele me dizia isso como um cristão poderia ter dito, mesmo depois de ter perdido a fé, que estávamos, aqui e agora, no Reino... Alguns verão nisso apenas uma tentativa ridícula de salvar alguma coisa da sua juventude, que digo, da sua vida, tão dolorosa, tão dilacerante, tão fadada ao fracasso e à infelicidade... Mas a mim aquilo perturbou. É verdade que eu gostava muito daquele homem, que continuo a gostar. Mas tem outra coisa: ele acabava de pôr o dedo no que houve de mais belo, de mais puro, no movimento comunista, pelo menos no caso de algumas pessoas. Isso não anula nem os horrores nem os fracassos. Mas os horrores e os fracassos podem anular totalmente essa pureza?

Essa história está terminada. Entrei, como tantos outros, no campo democrático e liberal... Isso não significa que não haja mais diferença, para mim, entre a direita e a esquerda! Num colóquio de que participamos, Luc Ferry divertiu-me utilizando a seguinte fórmula: "Não venham com conversa fiada: entre um homem de direita generoso e um homem de esquerda inteligente, não há muita diferença!" A fórmula é picante. Não creio que seja totalmente correta. Procuro ser um homem de esquerda inteligente. Não creio que isso baste para fazer de mim um homem de direita, generoso embora. Talvez porque eu não acredite muito, tanto em política como em economia, na generosidade. Os ricos nunca dão aos pobres, ou só dão migalhas.

Os pobres precisam então de se organizar, se defender, tentar transformar a sociedade (se possível sem se esquecerem de ser inteligentes): é essa a missão, hoje como ontem, da esquerda. Se levássemos essa idéia às últimas conseqüências, isso mexeria com alguns arcaísmos confortáveis e perigosos. Se a esquerda houvesse compreendido antes que o aumento da insegurança era nefasto em primeiro lugar para os mais pobres, ela não teria deixado essa avenida para a direita...

A oposição entre o angelismo e a barbárie, nos dois sentidos que o senhor definiu, não coincide com a oposição, mais tradicional, entre esquerda e direita?

É possível pensar que sim, principalmente quando nossos partidos políticos dão de si mesmos, como tantas vezes acontece, uma imagem caricatural. A esquerda se pretende generosa (ela se atribui facilmente o "monopólio do coração"); ela defende, antes de mais nada, ideais. A direita se pretende eficaz: ela defende, antes de mais nada, interesses. Mas se fosse somente isso, não poderíamos escapar do ridículo: teríamos apenas a opção entre um ridículo de esquerda (o angelismo moralizador) e um ridículo de direita (a barbárie tecnocrática ou liberal). Não é o caso. O coração e a eficácia não pertencem a ninguém. O ridículo também não. Há uma barbárie de esquerda, como evoquei de passagem: o stalinismo foi o seu exemplo mais atrozmente espetacular. E pode haver um angelismo de direita: o gaullismo, na França, não escapou de cair às vezes nesse deslize. Logo, não creio que essas duas oposições coincidam. Se quiséssemos tentar aplicar desses dois conceitos à vida política efetiva, eu diria que o angelismo é o pecadilho dos partidos que estão na oposição, sejam eles de direita ou de esquerda; e a barbárie, a inclinação "natural", por assim dizer, dos partidos no poder. Enquanto se está na oposição, seja-se de direita ou de esquerda, fazem-se grandes apelos à vontade política, à moral, às vezes ao coração… E quando se volta ao poder, administra-se. É dessa alternância ridícula que precisaríamos sair, para dar novamente pleno sentido à alternância democrática.

Tem outra coisa. O enfoque moral é evidentemente legítimo para os indivíduos. Tratando-se de partidos políticos, salvo exceção, perde muito da sua pertinência. Sabemos disso desde Maquiavel. "O príncipe não precisa ser virtuoso", dizia ele genialmente, "basta passar por sê-lo." Isso também vale para nossos dirigentes, que são príncipes eleitos. Tomemos o exemplo de uma eleição presidencial… É melhor, nem é preciso dizer, evitar votar num escroque notório. A moral, como eu já disse, estabelece limites externos. Mas quer isso dizer que devemos votar sempre no candidato mais virtuoso, mais generoso, mais cheio de amor? Claro que não! Alguém acredita que o Abade Pierre teria sido um bom presidente da República? E, temo, o general De Gaulle tampouco teria sido um bom abade… Por exemplo, votei em François Mitterrand em 1981, desde o primeiro turno. Se tivesse de votar no candidato que me parecia mais estimável moralmente, minha opção teria sido diferente! Ora essa, não se tratava de dar um prêmio de virtude, nem de escolher um amigo ou um mestre espiritual… Tratava-se de política, em outras palavras, de conflitos de interesses e de relações de forças, de alianças e de programas!

Sim, em princípio. Mas vivemos numa democracia midiática, especialmente televisiva. Isso altera, em boa parte, os dados do problema! Situemo-nos, em imaginação, no início do século XX. Tomemos dois dos grandes homens políticos daqueles anos, Jaurès e Poincaré. A enorme maioria dos franceses não os conhecia como indivíduos.

Alguns milhares os viram em comícios, mas de longe: muito mais ouviram seus discursos do que viram seus rostos. Sobretudo, 99% dos eleitores só os conheciam pelo que leram nos cartazes, panfletos ou jornais. Não sabiam quase nada sobre a personalidade deles e só podiam julgá-los, por conseguinte, por suas idéias. Hoje é diferente! Todos os franceses viram Chirac ou Jospin em *close*, na televisão, horas a fio. Ora, o que vemos, na televisão, não é uma idéia, não é um programa; é um rosto, em outras palavras, um indivíduo captado no que tem de mais singular, de mais pessoal, de mais expressivo. É difícil, portanto, não julgá-lo primeiramente como indivíduo: um político parece mais sincero ou mais simpático do que outro, este mais caloroso do que aquele... Seja. Mas o que isso nos diz do valor das suas idéias, dos seus programas, das suas promessas? Toda democracia televisiva está quase sempre, por isso, fadada ao ridículo: a gente deveria escolher um estadista em função das suas idéias e do seu programa; a gente escolhe um indivíduo em função do seu charme, da sua sinceridade aparente, do seu sorriso... Por exemplo, meus filhos, quando eram menores, gostavam muito de Jack Lang: achavam-no legal, e o boneco que o representava, no programa *Guignols*, os fazia rir. Admitamos. Mas, politicamente, é muito pouco!

O primeiro sintoma dessa deriva, na França, manifestou-se sem dúvida na campanha eleitoral de 1965: o sorriso de Lecanuet, com seus dentes brancos, contra o verbo de De Gaulle... A coisa não parou de se acentuar, como em todos os demais países desenvolvidos. Lembrem-se daquele clipe publicitário que os democratas, nos Estados Unidos, difundiram contra Nixon. Via-se o rosto de Nixon em *close*, com sua fisionomia antipática e seu ar falso. A imagem vinha legendada com a seguinte pergunta: "Você compraria um carro de segunda mão deste indivíduo?" Era engraçado, talvez tenha sido eficiente, mas era ridículo: não se tratava de comprar um carro de segunda mão, mas de eleger um chefe de Estado! Que Carter é melhor do que Nixon, como indivíduo, pode-se pensar. O que não prova ter ele sido melhor presidente dos Estados Unidos... Sem dizer que a imagem pode enganar, e com freqüência engana mesmo. Kennedy era charmoso, mas, quanto ao seu valor moral, eu hesitaria em me pronunciar...

Ridículo midiático: tirania da imagem. E como essa imagem, no caso, é a de um indivíduo captado em *close*, "olhos nos olhos", vai-se aplicar à política os critérios que valem para um indivíduo, em outras palavras critérios antes de tudo morais e afetivos. O angelismo é uma ameaça em nossa mídia; melhor dizendo, mais do que ameaçar, ele jorra aos borbotões! Nossos jornalistas passam mais tempo sondando a personalidade dos nossos políticos do que analisando a ação deles. Nossos políticos, mais tempo desculpando-se (quando podem) dos "negócios" em que se atolaram, do que apresentando seu programa. Não há negociatas? Então todos se interrogam sobre o caráter, a afetividade, os sentimentos... Lembrem-se de Raymond Barre, tão talentoso, tão lúcido, tão competente, mas que, na televisão, parecia professoral demais, frio demais, condescendente demais: a direita se mete, durante vinte anos, numa ridícula "guerra de chefes" entre Chirac e Giscard d'Estaing, mais conformes ou com melhor desempenho, do ponto de vista midiático... Lembrem-se de Lionel Jospin. Parece frio, distante, rígido, austero... E todos os jornalistas lhe perguntam, semanas a fio, quando ele se decidiria a "quebrar a armadura", quer dizer, se bem entendi, beijar as mocinhas e as velhinhas, mostrar que ele também tinha coração e sensibilidade! Constata-se, que desastre!, que Chirac envelheceu? (Por que milagre ele não envelheceria?) Pronto, a sorte da campanha, de acordo com a mídia, leva um duro golpe... Triste espetáculo! Enquanto isso, os negócios continuam. *Business is business.* Assim, milhões de telespectadores, cada um deles mais moral que o outro, sentados na sua poltrona, se lamentam vendo na televisão uns comediantes desancarem tudo o que se faz e o que acontece no mundo... Confortável e temível esquizofrenia! Como os bons sentimentos de uns influiriam sobre a fria eficácia dos outros? Melhor seria fazer política. Mas aí é que está: é menos bom, para o ibope, do que um sorriso, farpas afiadas e bons sentimentos...

Eu me interrogo sobre as conseqüências da sua distinção das ordens, se aplicada à relação entre a moral e a política. Significa que a política não é moral, por não ser da mesma ordem? Ou quer dizer que tem de ser, já que a moral tem a primazia?

Quer dizer as duas coisas, mas de dois pontos de vista diferentes!

Do ponto de vista do grupo, a política não obedece à moral. Nenhum cientista político sério explicaria o resultado de uma eleição por razões morais. Aqui é Maquiavel que tem razão. Não é o mais virtuoso que ganha as eleições, mas quem foi capaz de obter o maior número de votos.

Do ponto de vista do indivíduo (por exemplo, de cada eleitor, na cabine), a coisa é outra: a consciência moral pode e deve influenciar seu voto. Ela não lhe diz em quem votar (a moral não faz as vezes de política), mas às vezes diz claramente em quem *não* votar. É sempre a idéia de limite externo. Tomemos um exemplo. Se um político racista e xenófobo é candidato numa eleição, uma moral humanista evidentemente impede de votar nele. Mas não diz como combatê-lo. É aqui que a política recupera seus direitos. Se a gente se contentar com opor ao racismo ou à xenofobia razões apenas morais, deixa-se entender que poderia ser do interesse da França expulsar centenas de milhares de imigrantes que vivem legalmente em seu território, mas que, infelizmente, a moral proíbe fazê-lo. Nesse caso, tudo o que se sabe da vida política nos faz temer que, coletivamente, os interesses acabem prevalecendo. É importante mostrar portanto que tal política xenófoba não seria apenas moralmente condenável, mas também política e economicamente desastrosa. Não deixemos crer que a extrema direita é a única a fazer dos interesses da França e dos franceses sua prioridade! É o papel, legitimamente, de todo partido político responsável. Política não é filantropia. O governo de um país não está a serviço da humanidade. Ele está a serviço (nos limites do que a moral autoriza) dos interesses desse país. Resta construir, entre os diversos países do globo, convergências objetivas de interesses, isto é, solidariedades. Isso incumbe à política internacional.

Em suma, não confundamos moral e política. A moral é pessoal; toda política é coletiva. A moral, em seu princípio, é desinteressada; nenhuma política o é. A moral é universal ou tende a se tornar universal; toda política é particular. A moral determina fins; a política trata principalmente dos meios. É por isso que precisamos das duas, e da diferença entre as duas. Desconfiemos do angelismo moralizador: falar só de moral, quando outros falam de interesses, é fazer o jogo dos bárbaros!

De tanto dizer que o capitalismo é amoral, o senhor não isenta um tanto apressadamente os patrões? Se o capitalismo não é moral nem imoral, os patrões são inocentes, inclusive quando demitem em massa para agradar os acionistas. Assim é fácil! Vá explicar isso aos trabalhadores demitidos, que se vêem no olho da rua após dez ou vinte anos de exploração!

Não estou aqui para dar lições de moral. Procuro simplesmente compreender. Dito isso, observo-lhe que o patrão também é um indivíduo e, como tal, submetido à lógica ascendente das primazias. O fato de o sistema ser amoral não o dispensa de ser moral, ou tentar sê-lo! Se há demissão abusiva, ele não é inocente: não é o sistema que licencia, é o patrão, logo ele é responsável pelas demissões. Culpado? Pode acontecer: às vezes os tribunais decidiram da culpa, outras vezes será sua própria consciência a julgar... É claro, desse ponto de vista, que as demissões em massa, quando a empresa ganha com eles, são uma espécie de escândalo. Nossos concidadãos ficam legitimamente chocados, tanto mais que desconfiam, às vezes a justo título, que essas demissões visam menos a melhorar a competitividade da empresa do que a satisfazer os interesses de curto prazo dos acionistas. Essa pressão dos mercados financeiros, com os terríveis estragos humanos que acarreta, é um dos males do capitalismo contemporâneo. Não é motivo para endeusar o passado (releiam Zola: o capitalismo do século XIX também não era um mar de rosas), nem para recair nas ilusões de outrora (releiam Soljenitsyn). Se o capitalismo triunfou, foi em primeiro lugar porque o socialismo fracassou, e com um séquito de horrores ainda mais pavoroso. Pode-se lamentar isso. Não se pode negar. É melhor fixar certo número de limites externos – jurídicos, políticos, morais – ao capitalismo do que sonhar indefinidamente com a revolução ou com uma economia que se tornasse intrinsecamente moral.

Enfim, não tapemos os olhos. Quando um trabalhador se emprega numa empresa, ele não sente nenhuma gratidão moral para com o patrão, nem tem que sentir: ele sabe que o patrão só lhe deu emprego por interesse, do mesmo modo que, aliás, ele só aceita esse trabalho por interesse. Eles não são iguais na relação de forças, é claro, mas fazem parte da mesma humanidade, do mesmo sistema econômico, do mesmo mercado (no caso, o mercado de trabalho). Por isso são regidos pela mesma lógica, a lógica dos interesses. A moral não tem nada a ver com isso, e é melhor assim. O mercado de trabalho não é o Juízo Final! Os casos de demissão são os mais dolorosos. Mas, salvo caso de demissão abusiva ou perversa, não creio que a moral tenha grande coisa mais a dizer. É sempre perigoso julgar o valor moral dos indivíduos em função da sua profissão ou do seu nível hierárquico. É verossímil que há tanta gente decente e indecente entre os patrões quanto entre os assalariados. Não é a virtude deles que os distingue ou os opõe; é sua profissão, sua função, sua posição nas relações de produção, como diria Marx. Não é que uns sejam moralmente melhores que os outros; é que eles não têm nem os mesmos interesses nem os mesmos poderes. A idéia de luta de classes me parece, no fim das contas, mais sadia e mais esclarecedora (muito mais!) do que os processos por bruxaria. Resta saber se queremos sair dela suprimindo as classes sociais, como queria Marx, ou superá-la (sem aboli-la) construindo, entre essas classes, relações de forças não muito destruidoras e compromissos mutuamente vantajosos. É essa escolha que opõe, há mais de um século, os revolucionários e os socialdemocratas. Não vou surpreendê-los se disser que hoje eu me sinto mais próximo destes últimos...

O senhor diz que não há moral empresarial, que não há ética empresarial. Estou convencida do contrário! As empresas não são todas iguais umas às outras! Nenhuma pode funcionar validamente sem certo número de valores comuns, em torno dos quais os indivíduos possam se reunir, se mobilizar, se superar! É por isso que se fazem cartas éticas. Não é o lucro que dá coesão a uma equipe: é um objetivo comum, um ideal comum. Se o senhor fosse empresário e me dissesse que se trata apenas de gerar lucro, eu não iria trabalhar na sua empresa!

E não vai mesmo: não sou empresário. Dito isso, estou de acordo com a senhora: todo grupo humano, para se federar, necessita de valores comuns. Mas são valores morais? Remeto-a ao que eu dizia durante minha exposição sobre o respeito ao cliente. Que ele seja um valor empresarial, nada contra, aliás é algo que me parece mais que legítimo. Que seja um valor moral, não creio. Aliás, em nome de que o patrão, quando contrata, seria juiz do valor moral dos seus futuros assalariados? Somente Deus, se é que ele existe, pode julgá-lo. Ora, o patrão, que eu saiba, não é Deus...

Outra observação, ou outro argumento. Falar em "moral empresarial" só tem sentido se todas as empresas não tiverem a mesma. Essa "moral empresarial" só pode ser, portanto e por definição, particular (tal moral para esta empresa, tal outra para aquela, etc.). Ora, como Kant mostrou muito bem, a moral, em seu princípio, é universal, ou tende a sê-lo. Como séria própria de uma empresa particular? Se há uma "moral empresarial" para a BNP, outra para a Société Générale, uma terceira para o Crédit Lyonnais, etc., isso confirma que, estritamente falando, não se trata de moral em nenhum dos três casos.

A senhora vai dizer que a moral também pode variar de acordo com os indivíduos e as sociedades... Sem dúvida. É o que dá razão (inclusive contra Kant) aos relativistas, e sou um deles. Mas indivíduos e sociedades vivem isso como um problema, que precisa ser resolvido ou superado, não como um *slogan*! A moral, à falta de ser sempre universal, tem de ser universalizável. É o que dá razão aos universalistas, e também sou um deles[3]. A moral não pertence a ninguém e se dirige a todos. Como poderia submeter-se às marcas registradas ou restringir-se a esta ou aquela empresa?

Também não tenho nada contra que se faça uma "carta ética" numa empresa, muito pelo contrário. Primeiro isso possibilita discutir o problema, o que é sempre uma boa coisa; proporciona alguns pontos de referência, que muitas vezes serão úteis; pode melhorar a imagem da empresa, ou mesmo seu funcionamento; pode contribuir, tem razão, para a coesão do grupo... É uma ferramenta, seria um erro privar-se dela. Mas não passa de uma ferramenta. É do âmbito da comunicação interna e externa, do âmbito da gestão, do âmbito da formação profissional – logo é extremamente importante. Mas crer que uma carta ética possa fazer as vezes de consciência moral ou bastar para esta é equivocar-se sobre uma e outra.

Todas as empresas não se equivalem? É bem provável, e não apenas de um ponto de vista econômico. Mas é a moralidade delas que as distingue? E o que isso poderia significar? Imagine que um dos seus amigos, que trabalha por exemplo na BNP, lhe diga: "Estou satisfeito, porque a BNP me ama." A senhora iria pensar que ele não entendeu o que é o amor, ou o que é uma empresa... Mesma coisa, a meu ver, se ele lhe dissesse: "Estou contente e orgulhoso, porque a BNP é moral." Que os dirigentes da BNP sejam, é possível, não sei e não me diz respeito. Mas que a BNP, como empresa, o seja, parece-me fora de cogitação: porque só há moral para e pelos indivíduos. Ora, há uns

---

[3]. Sobre os problemas que isso coloca, ver meu artigo "L'universel, singulièrement", *Valeur et vérité, op. cit.*, pp. 243-61.

sessenta milhões de indivíduos na França, mas entre eles, que eu saiba, nenhuma empresa...

O que é verdade, em compensação, é que os comportamentos individuais (a personalidade do dirigente, o estilo de gestão, etc.) agem sobre a empresa e podem transformá-la. É o que dá razão à senhora, pelo menos neste ponto: nem todas as empresas, de um ponto de vista humano, se equivalem. Há empresas em que é mais agradável trabalhar do que em outras. Aliás, por isso mesmo elas têm de uma vantagem competitiva, em particular na sua política de recrutamento. As melhores empresas (aquelas em que a gestão é mais humana, mais honesta, mais convivial...) terão muitas vezes os melhores assalariados, e é bom que seja assim. Mas não é a empresa, mesmo nesse caso, que é moral: é sua direção, seus executivos, seus assalariados... Não a empresa, portanto, mas os indivíduos.

Mas, falando-se das empresas, fala-se em "pessoa moral"*...

Sim, no sentido jurídico do termo! Mas "moral", nessa expressão, se opõe a "física". Não tem nada a ver com a moralidade! A *pessoa física* é o indivíduo, com seu corpo e seu espírito: cabe a este (inclusive se dirige a BNP ou outra empresa qualquer) ser moral ou não. A *pessoa moral* é um grupo, uma entidade, que pode ser considerada juridicamente responsável, mas que não poderia ter os sentimentos ou os deveres de um indivíduo. Em suma, uma *pessoa moral*, no sentido jurídico do termo, não é uma pessoa, no sentido ordinário da palavra, e não tem moral.

---

* É o termo jurídico francês para o que chamamos, em português, de "pessoa jurídica". (N. do T.)

O que é uma empresa? É uma entidade econômica, dotada de uma personalidade apenas jurídica, que produz e vende bens ou serviços. Não é um indivíduo. Não é um sujeito. Não é uma *pessoa*, no sentido filosófico do termo. Ora, não há moral, insisto, a não ser para e pelos indivíduos. Não há portanto, a rigor, moral empresarial.

E a empresa cidadã?

Farei mais ou menos a mesma observação que antes: há, na França, uns quarenta milhões de cidadãos adultos e, entre eles, que eu saiba, nenhuma empresa! Aliás, "cidadão" usado como adjetivo é uma espécie de barbarismo. Em bom francês, dever-se-ia dizer "cívico". Mas quem levaria a sério uma "empresa cívica"? Ou então as pessoas pensariam num serviço público ou patriótico, e duvido que nossas empresas se identifiquem com uma coisa dessas…

Vamos mais a fundo. A expressão "empresa cidadã" foi lançada, se não me engano, pelo CJD, depois pelo MEDEF. Que pode significar?

Podemos fazer uma leitura forte: a empresa cidadã seria uma empresa que poria o interesse da nação acima do seu. Leitura forte, mas vazia: isso não existe. Nenhuma empresa, num país capitalista, põe o interesse da nação acima do dela. Aliás, isso é uma coisa que todos podem constatar e que já foi suficientemente criticado em nossos empresários. Erradamente, parece-me, mas não sem motivo: como a palavra de ordem *empresa cidadã* é em geral entendida em sua leitura forte, criticam-se os empresários por não fazerem o que dizem (por exemplo, quando despedem ou transferem a produção para o exterior), e tem-se razão.

Podemos fazer da mesma expressão uma leitura fraca: uma empresa cidadã seria uma empresa que respeitaria as leis do país em que exerce sua atividade. Leitura plena (isso existe), mas rasteira: respeitar a legislação, para uma empresa, é a menor das coisas! Não se vá transformar em palavra de ordem uma exigência tão mínima!

Entre essas duas leituras (uma leitura forte mas vazia, uma leitura fraca e rasteira), há algum meio de salvar essa expressão? Pode ser. Pode-se chamar de "empresa cidadã", se se faz questão da expressão, uma empresa que, sem pôr o interesse da nação acima do seu, sem tampouco se contentar com respeitar a lei, procurasse criar convergências de interesses (solidariedades, no sentido em que emprego a palavra) entre a empresa e a coletividade na qual ela se insere. Nenhuma empresa tem interesse em trabalhar num ambiente devastado nem num corpo social em decomposição: preocupar-se com o ambiente e com a coesão social, para uma empresa, também é do seu interesse, pelo menos no longo prazo, e os empresários têm a obrigação de cuidar disso – ao mesmo tempo como empresário (é, no longo prazo, do interesse do acionista), como cidadão (é do interesse do país) e como indivíduo (é do interesse da humanidade e, por isso, um dever dele). Mas, para que essa palavra de ordem possa ser entendida, não se deve brincar com as palavras nem esquecer que uma empresa, como toda instituição da ordem nº 1, funciona primeiro com base no interesse. Sem isso, a expressão "empresa cidadã" não passa de uma cortina de fumaça, tão simpática, em aparência, quanto perigosa em verdade. Todo corpo social tende a produzir uma ideologia, que é um discurso de autojustificação. É essa a função, na maioria das vezes, da expressão "empresa cidadã", na boca dos nossos empresários. Mas essa ideologia se mostra contraproducente, quando a realidade a desmente. A lucidez seria melhor.

Fui convidado, três anos atrás, a participar do congresso do CJD em Estrasburgo. Os organizadores tinham me pedido, bem como a Jean-Pierre Rafarin (então na oposição), para reagir ao texto do congresso que eles acabavam de aprovar. Eu havia achado esse texto muito ruim; disse-lhes: "Nem chega a ser conversa mole; é conversa oca mesmo. Não pode fazer mal a ninguém, mas é intragável! Além de não prestar para nada. Não ajuda a resolver nenhum problema, nem sequer a colocá-los! Vocês dizem que é preciso 'pôr o homem no coração da empresa'... Muito bem. Mas nesse caso por que despedem os homens, quando é necessário para lucrar mais? Por que pagam tão mal a eles? Vocês acham o salário mínimo um salário humano? Querem saber minha opinião? Num país capitalista, não é o homem que está no coração da empresa, é o lucro. É assim que a coisa funciona! É para isso que a coisa funciona!" E tive o raro prazer de ser vaiado, naquele ambiente superaquecido de fim de congresso, por centenas de dirigentes, porque eu lhes lembrava que a finalidade de uma empresa é gerar lucro...

Jean-Pierre Rafarin toma a palavra por sua vez. "A posição de Comte-Sponville não me surpreende", diz ele. "Ele é materialista. Meu caso é diferente: sou humanista." E resume de improviso, e bem por sinal, o livro que eu havia publicado, no ano precedente, com (e contra) Luc Ferry, *A sabedoria dos modernos*[4], para explicar que é com Luc Ferry, o que não surpreende a ninguém, que ele concorda...

Não sou contra o humanismo. É o horizonte moral insuperável do nosso tempo. Mais vale um patrão humanista (é o que torna o CJD simpático) do que um patrão sem fé nem lei. Mas o humanismo não isenta ninguém de ser lúcido! Tomo novamente a palavra: "Vocês querem ser humanistas? Muito bem. Mas não contem com sua empresa para

---

4. A. Comte-Sponville, Luc Ferry, *La sagesse des modernes*, Robert Laffont, 1998 [*A sabedoria dos modernos*, São Paulo, Martins Fontes, 1999].

sê-lo em seu lugar. Não se trata de pôr o homem 'no coração da empresa' (ou então comecem por fazer a revolução). Trata-se de pôr o homem no coração do homem. O humanismo é uma moral, não uma religião (não obstante o que pense meu amigo Luc) nem um sistema econômico. Ele só vale na primeira pessoa. Não contem com ele para conquistar parcelas de mercado nem para sossegar os sindicatos!"

As vaias foram maiores. Vi nisso uma espécie de confirmação. Um pensamento que irrita a tal ponto (quando não é nem totalmente idiota nem claramente imoral) não deve estar totalmente errado.

O senhor fala apenas de interesses, de lucro, de relações de forças... Mas não é só isso que existe! Em nossas empresas, há muito mais amor do que o senhor imagina!

Folgo em saber: amor, por definição, nunca é demais. Mas de que tipo de amor está falando? Amor a si ou amor ao outro? Amor de benevolência, como teria dito São Tomás, ou amor de concupiscência?

A concupiscência, para São Tomás e os escolásticos, não é apenas a sexualidade, como se imagina hoje em dia. A sexualidade é um caso de concupiscência, mas tão-somente um caso entre outros. O amor de concupiscência, explica São Tomás, é o fato de amar o outro *para o bem de si mesmo*. Quando digo que amo frango, não é para o bem do frango... Amor de concupiscência. Ao contrário do amor de benevolência, que consiste em amar o outro *para o bem do outro*. Quando digo que amo meus filhos, não é apenas para o meu bem. É *também* para o meu bem (por isso sempre há concupiscência), mas a esse amor de concupiscência se acrescenta uma parcela (considerável, no amor que temos por nossos filhos) de benevolência. Então, o que é que reina em nossas empresas? O amor de concupiscência ou o amor de benevolência? O egoísmo ou o altruísmo? O amor-próprio ou o amor ao próximo? O amor que toma ou o amor que dá? Resumindo, não confundamos o amor desinteressado, o *puro amor*, como dizia Fénelon (vamos lhe dar seu nome cristão: amor de caridade) com a gestão eficaz dos narcisismos de cada um! Que essa gestão eficaz dos narcisismos de cada um seja uma necessidade em todas as empresas, creiam que estou intimamente persuadido que sim. Não tenho nenhum mérito nisso: nas universidades é a mesma coisa. Mas, precisamente, não é esse amor que dois mil anos de civilização cristã nos acostumaram a considerar como o valor supremo.

Quanto ao resto, tem razão: há muito amor nas nossas empresas, muitas amizades, é claro, e também muitas paixões amorosas. Os números falam por si mesmos. A empresa, estatisticamente, é o segundo lugar de conjugalidade, logo depois dos colégios e das universidades. Também é portanto o primeiro lugar, sempre do ponto de vista estatístico, de corneamento: normalmente, uma pessoa se casa com alguém que conheceu durante os estudos e, alguns anos depois, trai esse alguém com um colega que conheceu no trabalho e com o qual, é freqüente, se casa depois de se divorciar... A empresa não está separada da vida, nem portanto do desejo, do amor, da paixão... Ainda bem. Mas, enfim, vocês hão de admitir que não é a função primeira da empresa e que isso diz muito menos respeito à moral do que à psicologia, e muito menos à economia do que à sociologia. É um tema interessantíssimo, mas não é o meu...

Quando os consumidores se recusam, por razões morais, a usar peles naturais, o mercado desaba, e o mercado das peles sintéticas cresce. Quando se descobre que a Nike faz crianças trabalharem nos países do terceiro mundo, suas ações caem na Bolsa... Não é uma prova de que a moral age sobre a economia?

Na escala do indivíduo, sim, sem dúvida nenhuma. São os mesmos indivíduos, como eu disse, que estão nas quatro ordens ao mesmo tempo. Como a consciência moral deles não influiria nas suas compras?

Mas, na escala dos grandes números, e do ponto de vista da economia, é diferente. Para o peleteiro ou o presidente da Nike, há dois problemas diferentes. O primeiro, que se coloca a cada um deles como indivíduo, é o seguinte: é moralmente aceitável massacrar animais ou pôr crianças para trabalhar? São problemas morais. E há um problema totalmente diferente: o consumidor – logo o mercado – aceita que se matem esses animais ou que se ponham crianças para trabalhar? Não é mais um problema moral: é um problema sociológico. Não se trata mais de deveres ou proibições, mas de representações morais. Prova disso é que o mesmo empresário pode achar um absurdo proteger mais os *visons* do que as vitelas... e no entanto investir na produção de peles sintéticas, se perceber que o mercado fica desfavorável. O mesmo empresário, fabricante de tênis, pode achar, com ou sem razão, que, se não têm como ir à escola, as crianças estão melhor na fábrica do que na rua, que não temos o direito de vedar aos países do terceiro mundo o que todos os países da Europa, sem exceção, fizeram até bem recentemente ("A acumulação primitiva do capital", dizia Marx, "nunca foi um idílio"[5]), enfim que salva muitas dessas crianças da prostituição, da fome, da morte, quem sabe... mas renunciar a empregá-las

---

5. *O capital*, livro I, cap. XXVI ("O segredo da acumulação primitiva").

para não perder clientes ou acionistas. Esses dois problemas são legítimos. Mas vocês hão de convir comigo que são dois problemas diferentes! O primeiro é um problema moral, que se coloca portanto na ordem nº 3. Nenhum estudo de mercado permite resolvê-lo. O segundo é um problema econômico, que se coloca na ordem nº 1. Os estudos de mercado, aqui, são pertinentes, mas deixam o problema moral intacto.

Eu dizia isso na minha exposição: todos nós estamos, sempre, nessas quatro ordens ao mesmo tempo. Por exemplo, a senhora faz suas compras num supermercado (ordem nº 1). O roubo é legalmente proibido aí (ordem nº 2), e é bem provável que a senhora mesma se proíba roubar (ordem nº 3). É bem possível até que muitas das suas compras (na ordem nº 1) sejam influenciadas por sua consciência moral ou ética (ordens nº^{os} 3 e 4), ou mesmo religiosa (ordem nº 5). Primeiro porque a senhora não compra apenas para a senhora mesma, mas também, e talvez muito mais até, para as pessoas que a senhora ama (seus filhos, seu cônjuge, etc.). Depois porque a senhora comprará de preferência produtos que não degradem muito o meio ambiente, quando não produtos do "comércio eqüitativo" (aquele que respeita os interesses do terceiro mundo). Sua consciência moral não abole as leis do comércio (a lei da oferta e da procura continua a agir), mas intervém incontestavelmente na economia.

Isso anula minha distinção das ordens? Claro que não. Porque, do ponto de vista da primeira ordem, sua consciência moral é um fato como outro qualquer, que pode portanto ser objeto de um enfoque científico (sociológico, psicológico, histórico, etc.), mas não de um enfoque moral. O problema do supermercado, de um ponto de vista econômico, não é saber se a senhora tem ou não tem moralmente razão de escolher um café com o selo de "comércio eqüitativo"; é saber se essa menção é ou não é comercialmente eficaz, a ponto de compensar (na ordem n° 1) o custo extra que justifica (na ordem n° 3).

Mesma coisa, mas não quero me demorar nesse aspecto, no caso de uma eventual ordem n° 5. Se alguém come *kosher*, suas compras são incontestavelmente influenciadas por sua consciência religiosa. Mas, para compreender o mercado da alimentação, o economista não necessita se pronunciar sobre a legitimidade religiosa das suas opções alimentares (como tampouco, aliás, sobre a pertinência dietética, na ordem n° 1, das suas opções religiosas).

Último exemplo, sempre a propósito da ordem n° 5. O interdito religioso de que o empréstimo a juros foi objeto durante séculos, nos países católicos, teve evidentemente repercussões econômicas. Como, ao revés, sua supressão pela Reforma: Max Weber não errou, desse ponto de vista, ao salientar o papel da ética protestante no desenvolvimento do capitalismo[6]. Mas isso não diz nada sobre a pertinência teológica, nem moral aliás, do protestantismo.

Em suma, as representações morais e religiosas podem intervir (como de fato intervêm) na ordem n° 1. Mas, nesse caso, elas não passam de fatos entre outros, que, como todos os fatos, podem ser objeto de um enfoque científico (no caso, das ciências humanas), o qual não diz nada sobre o valor propriamente moral ou religioso dessas representações. É sempre a distinção das ordens. Conhecer não é julgar; julgar não é conhecer.

A lei Aubry, das 35 horas, não é um caso típico de angelismo?

---

6. Max Weber, *L'Éthique protestante et l'esprit du capitalisme*, op. cit.

Não necessariamente! Legislar sobre a jornada de trabalho faz parte das atribuições legítimas do Parlamento. A lei das 35 horas não é mais angélica, no sentido em que uso essa palavra, do que a de 40 horas, de 1936, ou da lei de 1892 que estabelece a duração *cotidiana* do trabalho (e, na época, trabalhava-se seis dias por semana) em onze horas, para as mulheres e crianças, e doze horas para os homens... O direito social existe, ainda bem! Ele progride, o que é ótimo! Ele está aí, dizia eu na minha exposição, para limitar (do exterior: de maneira não mercantil) os intercâmbios econômicos que unem e opõem os diferentes parceiros no interior da empresa ou do mercado de trabalho. É bom que seja assim. A lei Aubry, desse ponto de vista, não me parece nem ridícula nem angélica. Ela poderia ter vindo a ser. Bastaria para isso acrescentar um último artigo à lei, que dissesse em substância: "O Parlamento decreta que essa lei será criadora de empregos." Por que seria ridículo? Porque seria confundir as ordens. Saber se essa lei criará ou não empregos não é do âmbito da ordem jurídico-política, mas da ordem econômica: não é uma questão de legislar, mas de observar e refletir!

Alguém vai me dizer que, embora não figure na lei, este artigo ridículo estava presente na cabeça de certos dirigentes socialistas... Pode ser. Azar o deles. Não é um motivo para ser tão ridículo quanto eles. A lei Aubry é perfeitamente legítima, na ordem nº 2. Mas saber se essa lei é ou será, de fato, criadora de empregos não depende mais de uma votação parlamentar: depende de certa análise intelectual, de certa observação, de certa ciência talvez (a economia), ou seja, da ordem nº 1. Uma lei é legítima ou não. Uma análise é verdadeira ou falsa: cada um, no caso, que o julgue. Sobre esse problema, interroguem primeiro os economistas. Eles têm mais a dizer sobre essa questão do que os filósofos. Vocês querem saber o que penso? Minha idéia, mas não é meu domínio de competência, é que uma redução do tempo de trabalho poderia ser duradouramente criadora de empregos, se fosse promulgada na escala de todo o mundo (estamos longe disso!) ou se fosse acompanhada de uma redução de salário (mas quem aceitaria?). Mas, aplicada a um só país e com salário constante, não vejo como pode funcionar. De duas uma, parece-me: ou se compensa a redução do tempo de trabalho com ganhos de produtividade, e então essa compensação reduz proporcionalmente a criação de empregos; ou não se compensa com ganhos de produtividade, e então reduzir a duração do trabalho equivale a aumentar seu custo, o que, num mercado mundializado, pode vir a ser uma desvantagem concorrencial e, portanto, com o tempo, se tornar destruidora de empregos (por causa da relocalização ou do fechamento de empresas). Espero que esteja enganado. Mas achei que a esquerda não se explicou claramente sobre este ponto.

Antes de mais nada, é o trabalho que cria riqueza. Nossos socialistas deveriam reler Marx de vez em quando. Somente o trabalho vivo, dizia ele, cria valor. É o que ele chamava de "capital variável", em oposição ao "capital constante" (as máquinas, etc.), que não passa de "trabalho morto": as máquinas apenas transmitem seu valor ao que se produz com elas. É o princípio da amortização. As máquinas aumentam consideravelmente a produtividade do trabalho. Mas é o trabalho, e só ele, que cria valor[7]. Embora possa parecer exageradamente simplificador, o pensamento de Marx, sobre esse ponto, comporta pelo menos uma parte de verdade. Não há produção sem trabalho, e a

---

7. Karl Marx, *O capital*, livro I, cap. VIII ("O capital constante e o capital variável"). É o que está na origem, segundo Marx, da queda tendencial da taxa de lucro: livro III, seção 3 ("Lei da queda tendencial da taxa de lucro").

criação de riqueza, realizados os investimentos, é proporcional, sendo constantes os demais fatores, à quantidade de trabalho que lhe é consagrada. Mas, nesse caso, trabalhar menos, por mais legítimo, individualmente, que seja (principalmente quando o trabalho em questão é extenuante ou aborrecido), temo que não seja o melhor meio, coletivamente, para reduzir a pobreza...

Acrescentarei simplesmente que os patrões teriam sido mais ouvidos, ao criticar essa lei, se não houvessem condenado sistematicamente, há mais de um século, *todas* as reduções do tempo de trabalho... A esquerda é que tem razão cedo demais ou a direita que está errada há tempo demais?

Quanto ao fundo, o problema é mais geral do que isso. Toda lei é legítima, por definição, se adotada em conformidade com a Constituição. Não é por ser justa que é lei, poderíamos dizer, parafraseando Pascal[8], é por ser lei que é justa (pelo menos no sentido jurídico do termo): ela é a lei do povo, e é o povo, numa democracia, que é a instância de legitimação. Isso não prova que o povo tem sempre razão! Isso não prova que toda lei é boa, de um ponto de vista moral, nem eficaz, de um ponto de vista econômico! Por exemplo, seria simplíssimo, juridicamente, proibir que, como reivindicam alguns, as empresas superavitárias demitam funcionários e aumentar o salário mínimo em 50%: dois artigos de lei e uma votação no Parlamento bastariam para tal. Essa lei seria tão legítima quanto as outras, do ponto de vista jurídico. Resta saber se seria economicamente eficaz ou, ao contrário, como se pode temer, economicamente desastrosa... Isto já não é uma questão de vo-

---

8. Penso nos fragmentos 60-294 e 645-312 dos *Pensamentos*, eles próprios fortemente influenciados pelos *Ensaios* de Montaigne (II, 12, pp. 578-83 da ed. Villey, e III, 13, pp. 1071-2).

tação parlamentar: trata-se de compreender e de explicar. Pertence à ordem nº 1: interroguem os economistas. Mas estão pedindo minha opinião; vou dá-la. Se o Partido Socialista, quando estava no governo, não tomou essas medidas, não foi por ser indiferente à sorte dos trabalhadores, como alguns o acusam o ano todo (por que estranha cegueira um partido político seria indiferente à sorte dos seus eleitores?); é que essas medidas lhe pareceram, a curto ou médio prazo, contrárias aos interesses desses mesmos trabalhadores: porque elas teriam sido uma desvantagem insuperável para nossas empresas, logo para o nosso país, porque teriam acarretado milhares de fechamentos de fábricas, a fuga de capitais, um declínio industrial sem precedentes, enfim, menos empregos e mais miséria! Apesar disso, essa lei seria legítima, do ponto de vista jurídico. Mas uma lei legítima pode ser catastrófica. Infelizmente, não basta ser majoritário no Parlamento para ter razão!

Não é só o aspecto jurídico que conta. O mais grave, na lei Aubry, é que ela causa dano ao valor trabalho, que ela o desvaloriza! Dá-se a entender que o trabalho é uma espécie de fardo que deveria ser aliviado a qualquer preço: quanto menos se trabalha, melhor! Como mobilizar as forças do nosso país, especialmente as da juventude, com uma ideologia assim?

Não vamos exagerar. Alguns apresentam o trabalho como um fardo, cujo peso seria preciso reduzir; outros como um bolo, que seria preciso dividir... Bolo ou fardo? Nem uma coisa, nem outra, parece-me, ou às vezes as duas. O trabalho é uma necessidade, que pode ser mais ou menos pesada, mais ou menos forçada, mais ou menos apaixonante, mais ou menos *enriquecedora*, em todos os sentidos do termo... Mas é nessa noção de "valor trabalho" que tenho dificuldade de acompanhá-lo. Em que sentido da palavra "valor"? Como valor mercantil? Nesse caso, não há nenhuma desvalorização, porque a redução da jornada de trabalho, mantendo-se o salário, equivale, como eu notava há pouco, a aumentar seu custo. Talvez o senhor empregue "valor" no sentido dos valores morais ou espirituais. Nesse caso, também não entendo o que está querendo dizer. Um valor, nesse sentido, é o que não tem preço. Ora, o trabalho tem. Nenhum valor está submetido ao mercado; ora, há um mercado do trabalho... Para amar, o senhor pede quanto? Não seria mais amor, mas prostituição. Para ser justo, quanto têm de lhe pagar? Não seria mais justiça, mas corrupção. Para trabalhar, entretanto, o senhor pede alguma coisa (um salário, honorários, um lucro...), e tem toda razão! O amor e a justiça são valores morais: não estão à venda. O trabalho está à venda; logo, é que ele não é um valor.

Outra maneira de mostrar a mesma coisa. Um valor é um fim em si. Para que ser justo? Para que amar? Não há resposta, não pode haver: a justiça e o amor valem por si mesmos. Para que trabalhar? Tem de haver uma resposta! O trabalho não é um valor (no sentido dos valores morais); é por isso que ele tem de ter um *sentido*. Qual sentido? O fim ou os fins que ele busca: ganhar a vida, claro, mas também a realização, a utilidade social, a aventura coletiva, a convivialidade, a responsabilidade... É isso que as pessoas buscam no trabalho: não o trabalho em si, mas o que ele possibilita ou proporciona. Nem os voluntários escapam. Se eles trabalham é por outra coisa que não o trabalho (uma causa que crêem justa, uma ocupação, uma equipe, um prazer...). O trabalho não é um fim, é um meio. É o que o torna necessário. É o que o torna importante. Mas não sacrifiquem o essencial ao que só é extremamente importante! Uma enfermeira me dizia outro dia que nunca tinha visto uma pessoa lamentar, em seu leito de morte, não ter trabalhado uma hora a mais. "Vi muitas", disse-me, "lamentarem não terem passado uma hora a mais dedicando-se às pessoas que amavam..."

Nem por isso vamos fazer o elogio da preguiça. O trabalho não é um valor (no sentido dos valores morais); mas o amor ao trabalho bem-feito é. O fato de o trabalho não ser mais que um meio não o desvaloriza, ao contrário: coloca-o em seu devido lugar e lhe dá ao mesmo tempo seu valor mercantil (seu preço) e seu sentido (sua finalidade).

O trabalho não *é* um valor (como valor moral), mas *tem* um valor (um preço). Não é um valor; mas tem um sentido, ou deve ter.

O trabalho é dignidade! É por isso que o desemprego de longa duração é uma catástrofe!

Nesse terreno é que não vou acompanhá-lo mesmo! Se todos os homens são iguais em direito e em dignidade, como todos nós devemos pensar, está fora de cogitação que o trabalho (tão desigualmente repartido) faça a dignidade. Aliás, nunca ouvi ninguém lamentar os que, tendo ganhado na Loto, param de trabalhar, nem vi ninguém se preocupar com a dignidade perdida dos rentistas... E os recém-nascidos? E os doentes? E os velhos? Não têm dignidade?

Não é a falta de dignidade que pesa sobre os desempregados de longa duração. É a falta de dinheiro, em outras palavras, a miséria, e sem dúvida também a falta de sentido: eles às vezes têm a sensação de não prestar para nada... Mas, precisamente, o que faz a dignidade de um ser humano não é aquilo para o que ele serve (sua utilidade), mas o que ele é (um ser humano). Não é o trabalho que faz a dignidade; é a humanidade. O trabalho só vale a serviço dela; é por isso que ele vale muito, mas somente como meio.

Para voltar às 35 horas, não façamos delas um debate metafísico ou moral. A dignidade do homem não está em jogo aí. Se o trabalho não passa de um meio, como acredito, quanto menos se trabalha, contanto que se obtenha o mesmo resultado, melhor. Ninguém, que eu saiba, sente saudade da semana de 72 horas... A verdadeira questão é saber se temos os meios econômicos de nos proporcionar ao mesmo tempo a semana de 35 horas e a aposentadoria aos sessenta anos. Vários economistas me disseram que duvidavam que sim, e compartilho a perplexidade deles.

O senhor não disse quase nada sobre a mundialização... É porque não lhe parece importante? Porque não muda nada?

Nem uma coisa nem outra. A mundialização é um processo extremamente importante, que subverte toda uma parte da nossa vida econômica, social, política, cultural... Mas não era meu tema. Incomoda-me às vezes constatar que a palavra "mundialização", quando usada por seus adversários, tende a substituir a de "capitalismo". E no entanto são duas coisas diferentes! Houve o capitalismo antes de haver a mundialização, e nada impede conceber (aliás, é o que Marx queria) um comunismo mundializado... Mas é assim: como quase mais ninguém tem modelo alternativo a opor ao capitalismo, luta-se contra a mundialização, é mais fácil, como se houvesse aí uma alternativa. Mas qual? A volta aos anos de Pompidou, ao "capitalismo monopolista de Estado", como dizíamos então para denunciá-lo, ao protecionismo, ao colbertismo*, ao nacionalismo? É muito pouco, para mim! José Bové pode perfeitamente atacar o McDonald's. O que constato é que há muito mais restaurantes chineses, árabes ou italianos, na França, do que McDonald's, e que isso não prejudica os restaurantes franceses de qualidade. Rejubilo-me: essa mundialização gastronômica, para quem gosta de comer, como eu, é uma oportunidade formidável! O que nossos avós sabiam da cozinha japonesa, da cozinha indiana, da cozinha mexicana? E por que deveríamos nos queixar dessa pacífica e deliciosa confrontação? Quanto ao próprio McDonald's, agora como alimentação (o hambúrguer), é seguramente comida de baixa gama; mas não é pior do que um sanduíche de presunto, principalmente quando o pão e o presunto, como acontece tanto em nossos bares, são de uma qualidade medíocre... Sem falar, o que é muito mais importante, claro, das artes ou da espiritualidade. A difusão do budismo zen ou tibetano, no Ocidente, é uma riqueza a mais, para o espírito, assim como a difusão, no Japão, da música e da literatura européias... Se você não sabe nada de Dogen e de Hokusai, falta alguma coisa na sua cultura de europeu. O espírito não tem fronteiras, ou antes, tem cada vez menos, ainda bem.

Vou lhes dizer uma coisa: sou a favor da mundialização. E não apenas por motivos gastronômicos ou culturais! Vejo nela uma oportunidade econômica para os países mais pobres – porque o baixo custo da mão-de-obra é uma vantagem concorrencial, ante os países ricos. Os economis-

---

* Jean-Baptiste Colbert, homem forte do reinado de Luís XIV, elaborou a doutrina econômica que leva seu nome. Marcada pelo nacionalismo e pelo que hoje poderia ser chamado de "dirigismo estatal", foi a base do desenvolvimento econômico e do poderio francês no século XVII. Algumas correntes preconizam hoje um "neocolbertismo" europeu para fortalecer economicamente a União Européia e capacitá-la a tirar melhor proveito da mundialização. (N. do T.)

tas sabem muito bem que não é o capitalismo que explica o subdesenvolvimento, pois este existia antes daquele[9]. Eu diria o mesmo da mundialização: ela não é a causa do subdesenvolvimento, que existia antes dela, é antes um dos meios (claro que não automático) de vencê-lo[10]. Os países do terceiro mundo que conseguiram superá-lo economicamente fizeram-no *graças* à mundialização, muito mais que apesar dela[11]. Quanto aos que não o superam, a primeira coisa que podemos fazer para ajudá-los é abrir nossos mercados, especialmente os mercados agrícolas, o que supõe que paremos de proteger abusivamente os agricultores europeus com subsídios exorbitantes, que derrubam os preços e acabam arruinando os lavradores do terceiro mundo. Ora, abrir-lhes nossos mercados, como esses países reclamam, não é *menos* mundialização: é *mais* mundialização!

Mas a questão de fundo não é ser a favor ou contra a mundialização. Ela faz demasiadamente parte da época, ela está demasiadamente inscrita na revolução tecnológica

---

9. "O subdesenvolvimento não pode ser causado pelo imperialismo e pelo capitalismo, *já que precede a eles*. Ao contrário, foi o subdesenvolvimento do resto do mundo que permitiu que a Europa, que vinha de escapar dele, o dominasse. A Revolução Industrial deu a dianteira aos europeus, que se apressaram a utilizá-la contra os outros povos, como sempre ocorreu na história" (Jacques Brasseul, *Histoire des faits économiques*, Armand Colin, 2003, p. 280).

10. Esse processo, aliás, já se iniciou: "A Revolução Industrial difundiu-se progressivamente e continua a se difundir atualmente, acarretando um desenvolvimento econômico, desigual, tormentoso, entrecortado de crises, mas real, e que permite reduzir as diferenças de nível de vida em relação à Europa, como se vê a longo prazo no Sudeste Asiático e na América Latina. O 'fosso crescente' entre o Norte e o Sul só existe no caso da África negra, por causa das guerras, das instituições lacunosas e das opções econômicas equivocadas. No resto do mundo, as taxas de crescimento do PIB *per capita* são superiores às do Norte, em média, a longo prazo e apesar das crises econômicas, o que possibilita alcançá-lo" (J. Brasseul, *Ibid.*).

11. Ver a esse respeito o apaixonante livro de Daniel Cohen, *Richesse du monde et pauvreté des nations*, 1997, reed. Champs-Flammarion, 2002, especialmente pp. 40-3 ("Richesse et commerce international").

(tratando-se especialmente dos meios de comunicação e de transporte) para que se possa evitá-la. Digamos que ela é para pegar ou largar, e que é melhor pegar. Os supracitados *antimundialistas* deram por isso e agora se dizem *altermundialistas*. Têm razão, pelo menos no vocabulário. A verdadeira questão não é ser a favor ou contra a mundialização; é saber que tipo de mundialização queremos. Uma mundialização ultraliberal, que retiraria todo poder dos Estados? Uma mundialização coletivista, com a qual alguns continuam a sonhar? Ou uma mundialização regulada, controlada, acompanhada, o que supõe instâncias internacionais de decisão e de controle? Vocês já devem ter percebido que é a terceira solução que tem minha preferência. Não vou me pronunciar sobre as modalidades técnicas, notadamente sobre as intermináveis negociações da OMC: isso está além das minhas competências. Mas o que creio poder dizer, para voltar à minha distinção das ordens, é que boa parte dos problemas que hoje encontramos se deve à defasagem que se ampliou, nestas últimas décadas, entre as ordens nº 1 (tecnocientífica) e nº 2 (jurídico-política). Quase todos os problemas econômicos que encontramos, na ordem nº 1, se colocam hoje em dia na escala do mundo: é o que se chama globalização. Enquanto a maioria dos nossos meios de decisão, de ação e de controle, na ordem nº 2, só existem em escala nacional ou, no melhor dos casos (se pensarmos na Europa em construção), continental. De tal sorte que uma defasagem inquietante abriu-se entre a escala mundial dos problemas que encontramos, especialmente na economia, e a escala nacional ou continental dos nossos meios de ação sobre esses problemas. Como querer que a ordem jurídico-política possa, nessas condições, limitar eficazmente a ordem tecnocientífica? É o que condena os Estados à impotência, e os mercados, se não tomarmos cuidado, à onipotência.

Para sair dessa defasagem, só há duas opções; mas a primeira seria louca ou impraticável; logo só há uma: seja renunciarmos à mundialização dos problemas (o que equivale a dar as costas à modernidade), seja criarmos os meios de uma política mundial. Não estou falando de um Estado mundial, que não me parece nem possível nem desejável, mas de uma política na escala do mundo, o que supõe negociações entre Estados, relações de forças, compromissos, enfim acordos ou tratados. Isso também passa, é o que dá razão aos altermundialistas, pela participação dos indivíduos, mas uma participação coletiva e organizada, das "massas", como dizia Marx, logo também das organizações não-governamentais que as animam. A ordem jurídico-política não se reduz aos Estados; ela é igualmente constituída pelo que eu chamava há pouco, com Espinosa, de "força da multidão", a qual pode se exercer pelos Estados, claro, mas também por todo um sistema de associações, de controles (notadamente pela opinião pública) e de contrapoderes, sem o qual os Estados não seriam mais que instrumentos de dominação (do ponto de vista dos governantes) e de servidão (do ponto de vista dos cidadãos). A política não pertence a ninguém; o que significa que ela pertence a todos. É mais necessária hoje que nunca. O mercado cria solidariedade, como eu notava em minha exposição. Mas também pode se mostrar destruidor, se reinar sozinho. Toda sociedade necessita de laços, dizia eu, de comunhão, de sentido. Para isso o mercado, ainda que mundial, e os Estados, mesmo se democráticos, não poderiam evidentemente bastar. Necessitamos também de uma solidariedade não mercantil e não estatal: necessitamos também de política, de associações, de mobilização!

Cuidado, todavia, para não atribuir sempre o bom papel às organizações não-governamentais e o mau papel aos Estados. Protestar, contestar, resistir é necessário. Mas administrar, governar e decidir também. Que esses dois pólos se opõem, faz parte do jogo democrático, que não é um. Que os Estados às vezes se inclinam para a barbárie, é inconteste, e se explica facilmente pelas razões que mencionei. Mas que as ONGs às vezes se inclinam para o angelismo, é algo que me parece igualmente inconteste e explicável. Cabe aos cidadãos fazer a seleção e resolver, quando preciso. As eleições não são tudo, mas também não são uma "armadilha para pegar trouxas", ao contrário do que diziam os manifestantes em maio de 68. Elas são o elemento decisivo, e de decisão, das nossas democracias. As associações são úteis, que digo?, elas são indispensáveis. Mas os partidos também são. Mas os Estados também são. Necessitamos de política, tanto institucional quanto associativa. É a urgência do momento, e sem dúvida a única maneira, daqui a alguns anos, de salvar o planeta.

Porque enfim é preciso lembrar que o crescimento, em princípio indefinido, da economia (sempre é possível, teoricamente, acrescentar riqueza à riqueza) vem se chocar, cada vez mais, contra os limites, estritamente finitos, da ecologia. Vocês sabem que essas duas palavras ("economia", "ecologia") têm a mesma raiz etimológica: *oîkos*, em grego, é a casa. Ora, nossa casa, hoje, é o mundo. A economia é sua gestão eficaz; a ecologia, sua gestão duradoura. Mas justamente: a própria eficácia do desenvolvimento econômico, tão espetacular nestes dois últimos séculos, ameaça hoje sua durabilidade. Se os seis bilhões de seres humanos vivessem como vivem os ocidentais (com o mesmo consumo de água potável, de proteínas animais e de energias não renováveis), o planeta não agüentaria dez anos. A situação planetária é dramática portanto: desde já (e desde há muito tempo) para os países mais pobres, porque sofrem com a fome; a curto ou médio prazo para os outros (inclusive os ricos), porque a elevação ou a manutenção do nível de vida deles se choca cada vez mais com os limites do planeta. Daqui a trinta anos, diziam-me alguns peritos, não haverá mais petróleo e a água potável terá se tornado um artigo raro. Pergunta: o que fazer? Essa pergunta é política. Ela também é moral e filosófica. É menos o capitalismo ou a mundialização que estão em causa aqui (os países protecionistas poluem tanto quanto os outros, os países comunistas poluíam mais ainda) do que a antropologia e a política. A humanidade, que fez progressos tão consideráveis nos últimos dez mil anos, saberá controlar as conseqüências desse progresso? A economia, como eu disse, não responde. Cabe a nós, portanto, responder. É o que se chama moral, para os indivíduos, e política, para os povos. Ambas são necessárias. Mas, em se tratando dos problemas do planeta, acredito mais na política.

Mas que política? A política mundial que o senhor gostaria de ver realizada não é, antes de mais nada, hoje em dia, a política americana? Que a mundialização seja para pegar ou largar, concordo. Mas e o imperialismo americano?

Deve ser combatido, como todo imperialismo! Com a queda do muro de Berlim entramos numa nova era da política internacional, dominada, de fato, por uma só superpotência, os Estados Unidos. Mas não adianta nada denunciar a potência americana e o unilateralismo da sua política externa. Os outros países, e a Europa em pessoa, que tratem de resistir a ela, dotar-se dos meios daquilo que meu amigo Tzvetan Todorov chama de uma "potência tranqüila"[12]. Não vou me deter nisso. Farei apenas algumas observações.

---

12. Tzvetan Todorov, *Le Nouveau Désordre mondial*, Robert Laffont, 2003.

A primeira é que os Estados Unidos são uma democracia. Hegemonia por hegemonia, mais vale a dos Estados Unidos que a da Alemanha nazista ou da URSS, que eles nos permitiram evitar.

A segunda observação é que essa hegemonia exclusiva não é tão antiga assim (ela data do fim da década de 80, marcada pela derrocada do bloco soviético) e não durará muito tempo. No meado do século XXI haverá ao que tudo indica duas superpotências: os Estados Unidos e a China (talvez três, se a Europa se dotar de bons meios).

Aliás, terceira observação, já é em parte o caso. A China, com seu bilhão e meio de habitantes e seu crescimento econômico espetacular (desde que se abriu à economia de mercado), já é uma potência incontornável, pelo menos na Ásia. Imaginem se, amanhã, a China popular invade Taiwan... O que fariam os americanos? É bem possível que eles se contentem com um protesto indignado. Em todo caso, está longe de ser certo que eles declarariam guerra à China. Ser uma superpotência não torna um Estado nem onipotente nem temerário.

Logo, a hegemonia americana não é nem tão odiosa, nem tão duradoura, nem tão total como se costuma dizer. Enfim, última observação, ela pertence ao jogo normal das relações de forças em escala mundial. Alguns criticam os Estados Unidos por defenderem antes de mais nada seus interesses. Mas que Estado não faz isso? A defesa do interesse nacional faz parte, legitimamente, das prioridades de todo Estado. Mas ela não pode ser ilimitada! É aqui que intervêm o direito internacional (supondo-se que ele não seja mais que uma "ficção jurídica"[13]) para os povos, a

---

13. *Ibid.*, p. 65. Na verdade, só há *direito*, a rigor, onde há soberania. Ora, não há soberania mundial sem um Estado mundial – que não existe. É por isso que as relações entre os Estados pertencem (é um ponto sobre o qual Hobbes,

moral para os indivíduos e as relações de forças (o poderio dos outros Estados) para o mundo. Não há "nação eleita". O que me inquieta, na política americana, não é que ela defenda os interesses do povo americano; é que ela pretenda enunciar-se em nome do Bem e da Liberdade, no mundo inteiro. Nesse ponto, compartilho inteiramente as análises de Tzvetan Todorov. O mais grave, na guerra americana contra o Iraque, não é que ela tenha sido decidida para defender os interesses dos Estados Unidos; é que ela os defenda mal (o balanço global, mesmo de um ponto de vista americano, corre o risco de ser terrivelmente negativo), desdenhando o direito internacional e fazendo pouco-caso dos milhares de mortos que ia acarretar. Ora, por que essa guerra? Por medo das armas de destruição em massa? Para assegurar a segurança do povo americano? Para barrar o terrorismo? Pelo petróleo? Todorov mostra que nenhuma dessas explicações se sustenta. Essa guerra também se fez, e quem sabe se fez sobretudo, em nome do Bem e da Liberdade, digamos em nome dos valores da democracia liberal. Isso, longe de justificá-la, só a torna mais inquietante. Porque onde é que se vai parar? Quem decidirá o que é o Bem e o que é o Mal? Fazer a guerra em nome de um Bem absoluto é o princípio das cruzadas, e não conheço princípio mais pernicioso. É angelismo moralizador (se não teológico, quando invoca o nome de Deus), bastante comparável, quanto ao fundo, ao de Bin Laden. É melhor fazer política, isto é, defender os interesses do seu país, submetendo-se ao mesmo tempo a

---

Espinosa e Rousseau concordam) ao estado de natureza, em outras palavras às relações de forças em escala do mundo. Não é isso uma razão para renunciar ao direito internacional, nem para considerá-lo uma simples "ficção". Eu diria, antes, à maneira de Kant, que ele é um ideal regulador: algo a que se deve tender, bem sabendo que nunca será plenamente realizado.

certo número de limites externos, tanto jurídicos quanto morais. Desse ponto de vista, os Estados Unidos têm um papel de primeira ordem a desempenhar. São a democracia mais antiga e mais poderosa. Não é um motivo para que decidam sozinhos a sorte do planeta.

Gosto da sua distinção das ordens: é uma grade de leitura que me parece esclarecedora. Mas acho-a rígida demais, "cartesiana" demais: na verdade, as quatro ordens estão sempre misturadas, são sempre indissociáveis, estão sempre interagindo! A moral intervém na economia, a economia na política, etc. Se essas quatro ordens fossem separadas, como o senhor diz, estaríamos fadados à esquizofrenia e ao imobilismo!

Eu não disse que eram separadas, se o senhor entender com isso que não teriam influência umas sobre as outras. Como seria possível? Elas estão presentes numa mesma sociedade, que estruturam, e são os mesmos indivíduos a animá-las. Como não iriam funcionar juntas? A *distinção* das ordens não é sua *separação*. Cada uma tem sua lógica própria, sua autonomia – relativa em todo caso –, mas nem por isso deixam de agir umas sobre as outras, nem de sofrer a influência delas. Isso levanta, aí o senhor tem razão, o problema da articulação dessas ordens. Essa articulação se efetua antes de mais nada em cada um de nós. Salientei isso de passagem: estamos todos, sempre, nessas quatro ordens ao mesmo tempo. Logo temos de considerá-las juntas, e não separadamente! Mas antes de mais nada é necessário distingui-las, pelo menos intelectualmente, para que a questão da sua articulação possa ser posta – e se possível resolvida – com um mínimo de clareza. Essa solução só pode ser individual. Ou melhor, se ela pode – e deve – ser também coletiva (pela política), isso passa por uma decisão dos indivíduos. Cada um, portanto, que assuma suas responsabilidades. Não estou aqui para resolver os problemas de vocês para vocês. Aliás, seria incapaz. Procuro simplesmente ajudá-los, se possível, a colocá-los um pouco melhor.

O único erro grave que vocês poderiam fazer, me ouvindo, seria pensar essa distinção das ordens como as divisões mutuamente exclusivas de uma agenda. Acreditar, por exemplo, que você se instala na ordem nº 1, por volta das 8 da manhã, quando você entra na sua sala: só haveria então o trabalho, e nada mais. Você sai por volta das 18 horas, pega seu carro: como tem de respeitar o código de trânsito, você se encontra na ordem nº 2 por alguns minutos. Chega em casa: as crianças esperam, você assume sua responsabilidade de pai de família, na ordem nº 3. Depois, ao se deitar, tem alguns instantes deliciosos e ternos na ordem nº 4... Claro que não é assim! Na sua sala, no trabalho, você está efetivamente na ordem nº 1. Mas seus filhos, na escola, também estão: eles são consumidores (ninguém é exterior ao mercado), pacientes possíveis para a medicina, beneficiários ou vítimas (às vezes as duas coisas ao mesmo tempo) das ciências e das técnicas... Sobretudo, na sua sala do trabalho, você não está apenas na ordem nº 1. Você também é um cidadão, como tal submetido à lei: você também está na ordem nº 2! Na sua sala, você também é um sujeito moral, submetido como tal ao dever: você está na ordem nº 3. E nessa mesma sala você também é um sujeito ético, sujeito do amor, sujeito às vezes ao amor.

Isso vale em todas as circunstâncias. Eu evocava há pouco a presença de um consumidor num supermercado... Ele também está nas quatro ordens ao mesmo tempo: na ordem nº 1, pois compra ou não; na ordem nº 2, pois está submetido à lei; nas ordens nº^{os} 3 e 4, pois suas compras podem ser influenciadas, não torno sobre isso, por sua moral ou por sua ética. Aliás, mesmo se nunca as levasse em conta, nem por isso deixaria de estar nas ordens n°s 3 e 4: queiramos ou não, todos nós somos moralmente responsáveis por nossas compras.

Resumindo, é o mesmo indivíduo, no mesmo momento (e em *todos* os momentos), que tem de enfrentar essas quatro ordens ao mesmo tempo. O senhor tem razão: é preciso considerá-las em conjunto. O que não é motivo para confundi-las! Duas atividades simultâneas nem por isso são idênticas: o fato de você poder dirigir seu carro ouvindo rádio não prova que automóvel e rádio sejam uma só e mesma coisa, nem que baste aumentar o volume para ir mais depressa! Mesmo duas atividades indissociáveis nem por isso são idênticas: que a gente precise respirar para correr não prova que corrida e respiração se confundam. Mesma coisa no caso da economia, da política, da moral e do amor: o fato de sermos confrontados com os quatro ao mesmo tempo não significa que sejam idênticos ou isomorfos. Em suma, não se trata de separar essas ordens, como se não houvesse interação entre elas, mas distingui-las – a fim, precisamente, de compreender como e por que podem interagir.

Há mais, porém. Não é apenas no coração ou na cabeça de cada indivíduo que essas quatro ordens se encontram. Elas também se articulam na própria sociedade. Isso é claro para as ordens n°s 1 e 2. Tomemos por exemplo a economia capitalista. Ela se define, como eu recordava há pouco, pela propriedade privada dos meios de produção e de troca e pela liberdade do mercado. Isso supõe um direito de propriedade, um direito comercial, etc.: isso supõe a ordem n.º 2! Mas essa ordem jurídico-política não poderia existir se os homens não produzissem seus meios de existência: ela necessita da ordem n.º 1. A mesma coisa poderia ser evidentemente dita das ordens n.ºˢ 3 e 4: elas necessitam, para existir, das ordens n.ºˢ 1 e 2, sobre as quais reagem. Quando você dá um presente a uma pessoa de quem gosta, é um ato econômico; se você se casa com ela, é um ato jurídico; seu amor age portanto nas ordens n.ºˢ 1 e 2, assim como, com toda certeza, é influenciado por elas (não se ama da mesma maneira numa sociedade feudal e numa democracia capitalista). Isso não significa contudo que o amor seja uma mercadoria ou um contrato, nem que o mercado e o direito sejam uma questão de sentimentos...

Vamos mais longe. Essas quatro ordens não estão apenas em interação umas com as outras; cada uma está presente, ou antes, está representada no interior das outras, especialmente das ordens que confinam com ela. Como disse, a ordem jurídico-política vem limitar, do interior, a ordem tecnocientífica. Mas, com isso, ela a organiza, pelo menos em parte, do interior: o direito do trabalho, o direito comercial, como também as recentes leis ditas de bioética, etc., representam a ordem n.º 2 no próprio seio da ordem n.º 1. E vice-versa: a perícia (por exemplo, no caso dos peritos judiciais) vem representar a ordem n.º 1 no próprio seio da ordem n.º 2. Isso não prova que essas duas ordens são idênticas, nem que uma possa reger a outra. O perito judicial não é nem legislador nem juiz[14]. Magistrados e parlamentares não possuem (fora do seu domínio) nenhuma competência técnica ou científica particular. Por isso necessitam de peritos competentes e independentes, assim como os cientistas necessitam de um direito da ciência. É o que se pode chamar de *interface* entre essas duas

---

14. Tive a oportunidade de me explicar a esse respeito nas minhas intervenções no XVI Congresso Nacional dos Peritos Judiciais, em outubro de 2000 (as atas do congresso foram publicadas pela Fédération nationale des compagnies d'experts judiciaires, *Au coeur des conflits: l'expertise*, revista *Experts*, Paris, 2001).

ordens: a perícia (que representa a ordem n.º 1 na ordem n.º 2) e o direito das ciências e das técnicas (que representa a ordem n.º 2 na ordem n.º 1) garantem essa interface, sem a qual essas duas ordens não poderiam funcionar juntas.

O mesmo se dá entre as ordens n.ºs 2 e 3. A ordem da moral vem limitar, do exterior, a ordem jurídico-política. Mas ela também age em seu próprio interior, não só na escala dos indivíduos (cada vez que um cidadão se determina, politicamente, por razões morais), mas também de maneira mais institucional. É o que se pode chamar de *eqüidade*, que impede por exemplo que o juiz aplique a lei sem levar em conta dados morais do problema que vai julgar. Vemos isso com freqüência em nossos tribunais: se você ajuda um parente seu a morrer, a pedido dele (porque ele sofre de uma doença incurável e atrozmente dolorosa), essa eutanásia será considerada, juridicamente, um homicídio voluntário. Mas não será, por isso, punida como um assassinato. "O juiz deve ser submetido à lei", lemos em nossos manuais jurídicos, "mas não deve ser sujeitado por ela." A fronteira entre a *submissão* e a *sujeição* é justamente a da eqüidade – na interface entre as ordens n.ºs 2 e 3 –, que vem representar a ordem n.º 3 no próprio seio da ordem n.º 2. E, em troca, a ordem n.º 2 pode agir no próprio seio da ordem n.º 3: pensem, por exemplo, no *civismo* ou na *deontologia* (como moral profissional, a qual pode estar inscrita em textos), que representam a ordem n.º 2 no seio da ordem n.º 3. Enfim a moral também intervém no próprio cerne do amor (por exemplo, pela proibição do incesto e do nepotismo), como a ética intervém na moral (pelo próprio amor, mas também pela misericórdia e pela compaixão). Essas interfaces, por mais necessárias e efetivas que sejam, não poderiam entretanto abolir a distinção entre as ordens – pois a supõem (só pode haver interface, por definição, entre dois sistemas diferentes).

Resumindo, não se trata de maneira nenhuma, no meu espírito, de separar essas quatro ordens de forma rígida ou absoluta, mas de pensar ao mesmo tempo sua autonomia, relativa pelo menos, e sua coerência própria, a fim de poder pensar também, o que é obviamente necessário, sua articulação. O direito não é uma mercadoria (ele não está à venda) e não cria mercadoria nenhuma: não faz as vezes de economia. O mercado não é um Parlamento: não faz as vezes de democracia. É precisamente por isso que é necessário um direito comercial, que depende do Parlamento e se aplica ao mercado: é porque essas duas ordens são diferentes que precisamos de ambas e da articulação entre uma e outra.

Isso é verdade para todas as ordens. Não se vota no verdadeiro e no falso, não se vota no bem e no mal: as ordens nºs 1 e 3 não estão submetidas, como tais, à ordem nº 2. Mas vêm limitá-la (do exterior) e esclarecê-la (do interior), assim como necessitam dela para existir e para agir. Nem as ciências nem a moral são submetidas à democracia. Mas a democracia não poderia prescindir nem daquelas nem desta. E vice-versa: a democracia não está submetida nem às ciências nem à moral (a verdade não comanda, a moral comanda apenas os indivíduos, não os povos), mas necessita delas e lhes é favorável (o totalitarismo tende quase inevitavelmente, como a história mostrou, ao obscurantismo e à imoralidade). Em suma, essas quatro ordens são diferentes, e é precisamente por isso que é necessário considerá-las juntas!

Essa distinção das ordens é universal ou particular? É própria dos países ocidentais de hoje ou verdadeira em todos os países?

Serei imodesto até o fim: creio-a universal, pelo menos para toda sociedade dotada de um mínimo de organização política. Isso não significa que todos os países e todas as épocas tenham a mesma possibilidade de compreendê-la. Considerem, por exemplo, a economia monástica, na Idade Média. São às vezes os mesmos monges que rezam e que trabalham a terra, outras vezes essas duas atividades são realizadas por indivíduos diferentes... Mas nossos monges mais lúcidos sabiam bem que não é a prece que faz os legumes crescerem, nem a agricultura, por si só, que assegura a elevação das almas... Distinção das ordens. Logo é preciso dar à prece e ao trabalho o tempo que ambos requerem, sem confundi-los e sem acreditar que um possa fazer as vezes do outro. Isso não impede de rezar trabalhando, se for possível, nem de trabalhar rezando, se se quiser. Mas proíbe confundir prece e trabalho: contar com a prece para fazer os legumes crescerem seria angelismo; contar com o trabalho para garantir a salvação da nossa alma seria barbárie.

Mesma coisa, hoje, no caso dos países islâmicos. Imaginem que eu seja convidado a dar no Irã uma conferência sobre a relação entre a moral e a economia... Faria mais ou menos a mesma conferência que fiz para vocês. Eles teriam sem dúvida muito mais dificuldade para aceitá-la e até para compreendê-la. É claro! O que chamo de distinção das ordens nada mais é, no fundo, que uma tentativa para pensar a laicidade até as últimas conseqüências. Islâmicos integristas teriam certa dificuldade de acompanhar... Mas isso não prova que ela não se verifique, objetivamente, entre eles também. "É Alá", talvez me dissessem, "que decide tudo: a economia, a política e a moral lhe são submetidas." Integrismo: angelismo da ordem nº 5. "Muito bem", eu responderia, "mas então por que vocês fundaram a OPEP (Organização dos Países Exportadores de Petróleo)? Se é Alá que determina a cotação do petróleo, a prece seria mais eficiente…" Na verdade, os islamitas sabem muito bem que a cotação do petróleo resulta das leis do mercado: é sobre o mercado que a OPEP quer agir, e de fato age. A *charia* e o *jihad* decorrem da confusão entre as ordens (pois querem submeter a ordem n.º 2 à ordem n.º 5). Mas, como combates políticos, verificam a distinção das ordens que pretendem abolir: a prece não basta para tomar o poder, nem para ganhar nenhuma guerra. Daí, conforme os casos, as manifestações de massa ou o terrorismo: é dar a César ou à força o que lhes cabe. Em suma, essa distinção das ordens reflete o espírito da nossa modernidade (a laicidade). Mas já agia, desconhecida embora, e continua a agir, reprimida embora, em épocas ou em países que a contestam ou a ignoram. Vocês conhecem a fórmula: "Dar a César o que é de César, e a Deus o que é de Deus." O mínimo que podemos dizer é que isso não data de hoje!

Sou como a mulher que o senhor evocava na sua conferência: não posso admitir que o senhor considere a economia como um fenômeno natural (como a meteorologia, etc.). A economia são homens! A empresa são indivíduos! Ora, como o senhor mesmo diz, os indivíduos devem submeter-se ao que o senhor chama de "hierarquia ascendente das primazias", em outras palavras, à moral e ao amor. Logo também vale para a economia e a empresa. O senhor diz que a moral não tem lugar na empresa, que se trata apenas de gerar lucro… Isso equivale a caucionar tudo o que acontece dentro dela e a desanimar todos os que gostariam que as coisas mudassem!

Eu nunca disse que a economia era um fenômeno natural, no sentido em que a natureza se opõe à cultura. Mas também não é, que eu saiba, um fenômeno sobrenatural... Digamos que ela faz parte da natureza, no sentido espinosista do termo (no sentido em que a natureza é o todo do real), mas obedece a leis específicas, que não são as da natureza no sentido costumeiro (a que a física e a biologia estudam). Logo, estou de acordo com a senhora sobre esse ponto, há uma especificidade da economia, que não poderia ser assimilada a fenômenos físicos ou climáticos. Fiz a analogia com a meteorologia apenas para salientar uma coisa: que a economia é um fenômeno objetivo, que não se reduz à simples vontade dos indivíduos, nem mesmo à soma delas. Veja o que dizia Durkheim dos fatos sociais: que eles são uma realidade *sui generis*, que se impõe aos indivíduos muito mais do que obedece à vontade deles[15]. Diria a mesma coisa dos fatos econômicos. Aliás, é isso que permite que a economia seja uma ciência autônoma (se houvesse tão-somente indivíduos, a psicologia bastaria). Um mercado é um conjunto de indivíduos, mas submetidos a uma lógica (no caso, econômica) que os engloba e supera, é uma realidade objetiva e global, sobre a qual nenhum indivíduo particular tem poder. É o que impressionava Alain: basta uma lei ou um decreto para mandar à morte milhões de jovens (Alain escrevia isso logo depois da Primeira Guerra Mundial), ao passo que "nenhum decreto e nenhuma lei pode fazer o preço da manteiga baixar"[16]! É que os jovens obedecem; o mercado, não. Pode-se, é claro, estabelecer o preço da manteiga por decreto. Mas haverá um mercado negro em que os preços irão às alturas, filas e penúria no mercado oficial, em que os preços serão fixos... Isso não quer dizer que não se possa agir sobre o mercado. Mas só se pode agir sobre ele

---

15. Émile Durkheim, *Les Règles de la méthode sociologique*, reed. PUF, 1973.
16. Alain, Consideração de 16 de abril de 1921.

com a condição de compreender sua racionalidade própria, que não pode ser reduzida ao livre-arbítrio dos indivíduos. Para continuar a minha analogia com a natureza (mas, insisto, não passa de uma analogia), retomaria com prazer a fórmula de Bacon: "Só mandamos na natureza", dizia ele, "obedecendo a ela." É mais ou menos a mesma coisa, parece-me, na economia: só se manda no mercado obedecendo a ele. Se você quiser fazer o preço da manteiga baixar, é melhor deixar a produção de manteiga aumentar (se o preço for vantajoso, os produtores terão o maior interesse em produzir mais), em vez de determinar seu preço por decreto!

Não disse tampouco que a moral não tinha lugar na empresa. Disse claramente o contrário inclusive: que a moral tem seu lugar na empresa, e é, precisamente, o lugar dos indivíduos! Que um presidente se conceda salários exorbitantes (mais de duzentas vezes o salário mínimo!), opções de compra exorbitantes, "pára-quedas de ouro maciço" (20 milhões de euros para Jean-Marie Messier!), enquanto impõe aos outros uma política salarial das mais restritivas, é moralmente chocante. Mas é responsabilidade do presidente (e dos acionistas, que o deixam agir assim), e não da empresa ou do sistema! A moral tem portanto seu lugar *na* empresa, mas não é o lugar *da* empresa: é o lugar, repito, dos indivíduos que trabalham ou dirigem a empresa.

Mas não se iludam muito. Permitam-me, mais uma vez, uma analogia. Durante vários anos, tive a oportunidade de animar seminários com médicos de hospital, sobre o tema "filosofia e medicina". Num deles, um médico me fez a seguinte pergunta: "O que é melhor? Ser um bom médico ou um médico bom?" *Bom médico*, isto é, competente, eficaz, na ordem n°. 1, no topo do nível científico e técnico; ou *médico bom*, nas ordens n°^{s} 3 e 4, isto é, cheio de generosidade, de humanidade, de amor? Respondi-lhe, é claro, que o melhor era ser as duas coisas. No entanto, acrescentei, se fosse absolutamente necessário escolher, acredite que o paciente potencial que sou prefere, de longe, ser tratado por um bom médico, mesmo se ele me tratasse pelas piores razões morais (por exemplo, por amor ao dinheiro), a ser tratado por um médico bom mas incompetente, que, com muita humanidade e desinteresse, me faria morrer devagarinho...

Creio que, *mutatis mutandis*, podemos dizer a mesma coisa dos nossos empresários. O que é melhor? Um bom patrão ou um patrão bom? O ideal, claro, é que ele seja as duas coisas. Sim, mas é muito mais difícil para o empresário do que para o médico! Entre a medicina e a moral não há grande oposição, até há quase sempre convergência. O que a moral diz ao médico? "Você deve tratar dos doentes." E o que lhe diz a medicina? Ela lhe diz *como* tratar dos doentes. Não há oposição; há convergência, quase sempre, entre os fins estabelecidos pela moral e os meios oferecidos pela medicina. Para o empresário, é bem diferente! Entre o que a moral lhe diz (por exemplo: "Você deve tratar todo ser humano como um fim, e nunca apenas como um meio"[17]) e o que lhe diz a economia (por exemplo: "Você deve maximizar o lucro da sua empresa"), não digo que haja sempre oposição, longe disso, mas não há convergência espontânea! Logo, o que é melhor para o empresário: ser um bom patrão (competente, eficiente) ou ser um patrão bom (cheio de amor e de generosidade)? O ideal é ser as duas coisas ao mesmo tempo, mas nem sempre é possível. Pois bem, se fosse absolutamente

---

17. Para retomar uma das formulações, a meu ver a mais esclarecedora, do imperativo categórico em Kant: "Age de tal sorte que trates a humanidade, tanto na tua pessoa como na pessoa de qualquer um, sempre ao mesmo tempo como um fim, e nunca simplesmente como um meio" (*Fondements de la métaphysique des moeurs*, II, *op. cit.*, p. 105).

necessário escolher, eu diria sem hesitação a mesma coisa que para o médico: é melhor (inclusive para os assalariados, inclusive para os clientes, inclusive para o corpo social em seu conjunto) um bom patrão do que um patrão bom! Isso não quer dizer que a moral não tenha seu lugar na empresa. Isso quer dizer que esse lugar é sempre de certo modo marginal, pelo menos do ponto de vista da empresa (do ponto de vista, se quiserem, do balanço da empresa). Mas o que está na margem, para o grupo, pode ser essencial para os indivíduos. Ser um bom patrão não exime de tentar ser um patrão bom ou, em todo caso, permaneçamos lúcidos, um patrão humano e preocupado com seus assalariados.

A "margem", numa folha de papel, também é o limite: ali onde, de costume, a gente não escreve. É apenas uma imagem, mas para ilustrar um ponto importante. Essa "margem" da moral (quando digo que a moral, no interior da empresa, só intervém na margem) também é o limite que ela impõe aos indivíduos, ou antes, que cada indivíduo se impõe a si mesmo – por exemplo, o que o empresário não faria de jeito nenhum, nem que sua empresa sofresse com isso ou até fechasse as portas. Que patrão aceitaria, para salvar sua empresa, assassinar ou torturar? Muito bem. Mas e corromper políticos? E roubar os executivos da concorrência? E praticar espionagem industrial? E fraudar o fisco? E espionar os sindicatos? E despedir quando poderia tomar outra medida? O limite será variável, em função dos indivíduos, do trabalho, das circunstâncias. Muitas vezes será traçado na urgência. Mais um motivo para refletir sobre ele antecipadamente.

O caso do presidente de uma empresa é particularmente interessante e difícil. Como presidente, é portador dos interesses de um grupo: está submetido primeiro ao encadeamento descendente dos primados. Mas não deixa de ser um indivíduo, sensível como tal, pelo menos é o que desejamos, à hierarquia ascendente das primazias. Isso torna seu trabalho difícil? Sem dúvida. Não há responsabilidade feliz (no sentido em que você poderia ganhar em tudo ao mesmo tempo). Mas também não há felicidade humana sem responsabilidade. É aqui que encontramos o trágico. De resto, se um dirigente empresarial sente-se dolorosamente dividido entre as exigências do mercado e as da sua consciência, pode se tranquilizar: se seu trabalho lhe parece difícil demais para ele, outros terão o maior prazer em substituí-lo... Cabe a nós – cidadãos, consumidores, assalariados... – não reduzir o indivíduo à sua função. Um bom patrão pode ser um crápula (contanto que não deixe transparecer muito); um mau patrão pode ser um homem de bom coração. Moralmente, tenho mais estima por este último. Mas socialmente, politicamente, economicamente, temo que ele seja mais perigoso – muito mais perigoso! – do que aquele.

Depois tem todos os outros, que não são nem crápulas nem incompetentes... Eles fazem seu trabalho. Bem? Mal? Pode depender dos pontos de vista. Os acionistas e os sindicatos não terão necessariamente o mesmo. Melhor assim. Quanto ao povo, não escolhe o patrão; mas faz a lei, à qual os patrões também são submetidos. Não é tudo (Lionel Jospin tinha razão ao lembrar que "o Estado não pode tudo": só na França uma obviedade dessas escandaliza); nem é nada.

Enfim, eu também não disse que toda empresa tendia apenas a gerar lucro – ou, se dei a entender isso, é que foi um atalho para ir mais diretamente ao essencial. O lucro faz parte das finalidades da empresa; muitas vezes é sua finalidade maior; não é necessariamente a única. Permitam-me lhes contar uma história. Há alguns meses, eu conversava com um empresário. "Faz anos que me interrogo sobre a finalidade da empresa", ele me disse. E acrescentou: "Acabei descobrindo!" "Estou interessado em saber", respondi. "Diga." "Veja só", começou ele, "é simplíssimo: *a finalidade da empresa é a finalidade do acionista.*"

É de fato simplíssimo, mas singularmente esclarecedor. Por dois motivos. O primeiro é que explica a diversidade *das* finalidades para diferentes empresas. Por que todas as empresas teriam a mesma finalidade? Por que, inclusive, uma empresa teria uma só finalidade? Acionistas diferentes podem ter, para uma mesma empresa, finalidades diferentes. Mas tomemos o caso mais simples: imaginemos, para enxergar melhor o problema, um acionista único. Se a finalidade desse acionista é o lucro, então, de fato, o lucro é a finalidade da empresa. Mas se a finalidade do acionista é a perenidade da empresa (como tantas vezes acontece no capitalismo familiar), a finalidade da empresa é sua perenidade. E o dono está disposto a perder um pouco de dinheiro, às vezes, ou ganhar menos, para não comprometer essa perenidade. A empresa pertence à família há quatro gerações: atravessaram duas guerras, têm mais que o suficiente para viver bem, almejam principalmente transmitir aos filhos o que receberam dos pais ou avós... Sei perfeitamente que isso também existe! E se a finalidade do acionista é, por exemplo, o poder ou a influência (como, dizem, em certos grupos de comunicação), a finalidade da empresa é o poder e a influência. Enfim, e eu poderia continuar por mais tempo, se a finalidade do acionista é a filantropia ou o bem da humanidade (é mais raro, mas podemos pensar numa empresa fundada por algum bicho-grilo superdotado), a finalidade da empresa é a filantropia ou a humanidade... O que não eximirá cada uma dessas empresas de também gerar lucro; senão ela não sobreviveria. Mas não é necessariamente sua finalidade primeira.

Logo, em primeiro lugar, esse princípio permite explicar a pluralidade das finalidades e sua diversidade, para empresas diferentes. Mas também permite formular a seguinte questão: qual a finalidade dominante, na escala dos grandes números, das nossas empresas? Porque possibilita transformá-la numa outra questão: qual a finalidade dominante, na escala dos grandes números, dos nossos acionistas? E aí basta dar uma olhada na Bolsa (se bem que nem toda empresa esteja cotada na Bolsa, as que estão nos dão uma amostra significativa) para compreender que evidentemente a finalidade dominante dos nossos acionistas, logo das nossas empresas, é o lucro... Mais uma vez, não censuro ninguém por isso: é assim que nossa economia vai em frente, e todos nós necessitamos que vá. Só nos resta verificar se ela não vai em frente de qualquer jeito, nem a qualquer preço. É onde a política recobra seus direitos e suas exigências!

O senhor dá demasiada importância ao acionista! O acionista, cada vez mais, é o senhor, sou eu, são milhões de aposentados americanos (através dos fundos de pensão), milhões de pequenos poupadores europeus (por meio dos fundos de investimento, etc.)... O acionista é todo o mundo, logo não é ninguém!

Não sou eu que dou importância ao acionista, é o capitalismo! Se a sra. Liliane Bettencourt possui, salvo engano, a maior fortuna francesa, não é, que eu saiba, porque trabalhou mais que todo o mundo. É que é filha do fundador da L'Oréal, sua herdeira e hoje a principal acionista da empresa. Isso não diz nada sobre o valor humano dessa senhora, que não conheço, mas muito sobre nossa sociedade. Propriedade privada dos meios de produção e de troca... Sempre volto a isso, porque é aqui que se joga o essencial. Não há capitalismo sem proprietários[18]. Só há proprietários mais ou menos numerosos, mais ou menos estáveis, e nem o número nem a duração alteram a essência do sistema. Vocês acham que o grupo Auchan, que não está na Bolsa e que pertence quase todo a uma só família (a família Mulliez), é menos capitalista do que o grupo Carrefour, cujas ações, desde há muito, fazem a felicidade (um pouco menos, de uns anos para cá) dos milhões de poupadores que possuem ações suas, muitas vezes sem saber, em seus fundos de investimento ou em seus seguros de vida? Como consumidor, freqüento às vezes as lojas desses dois grupos. Não notei nenhuma diferença...

Mas o senhor tem razão num ponto importante: nestas últimas décadas, o acionariado difundiu-se consideravelmente, ou até socializou-se. Mas o que isso altera no essencial?

Altera alguma coisa, concedo-lhe, mas não necessariamente o que imaginamos. Lembre-se daquele discurso que, uns trinta anos atrás, a gente lia na imprensa de direita: "A oposição entre o capitalismo e o socialismo está su-

---

18. Apesar do que pretendia Michel Albert, para denunciá-lo, distinguindo um "capitalismo renano", com proprietários estáveis e reconhecidos, de um "capitalismo anglo-saxão ou neo-americano", que seria "sem proprietários" porque só teria acionistas anônimos e mutáveis (*Capitalisme contre capitalisme*, Seuil, 1991, cap. 3, "Un capitalisme sans propriétaires"). Essa diferença pode existir. Mas não altera em nada o fato de que, em ambos os casos, são os acionistas que possuem a empresa, que recebem os dividendos e nomeiam, direta ou indiretamente, seus dirigentes. De resto, esses dois modelos não pararam de se aproximar nos últimos vinte anos, em benefício do modelo anglo-saxão. Desse ponto de vista, a distinção *cronológica* que Alain Minc propõe (entre um capitalismo gerencial e um capitalismo patrimonial) é mais esclarecedora e mais atual do que a distinção *geográfica* em que Michel Albert se apoiava (Alain Minc, *www.Capitalisme.fr*, Grasset, 2000). O capitalismo gerencial é o dos dirigentes empresariais, que dominou os "trinta gloriosos"*. O capitalismo patrimonial é o dos acionistas, que tende a prevalecer hoje em dia. Nem um nem outro é menos *capitalismo*.

* Os trinta anos que vão de 1945 a 1975. (N. do T.)

perada", diziam-nos. "O que conta não é mais quem possui a empresa, mas quem a dirige – não é o acionista ou o Estado, mas o empresário! Não é mais ter, é fazer! Não é mais o acionista, é o executivo!" Ora, havia executivos no Oeste e executivos no Leste, logo ambos os sistemas tinham de se aproximar... Era o que se chamava então de teoria da convergência. Parecia tanto mais plausível, no caso, na medida em que o acionariado, no Oeste, tendia de fato a se difundir, assim como o socialismo procurava se modernizar, no Leste, dando um pouco mais de autonomia a seus executivos. Se o acionariado é cada vez mais social e se, inversamente, o socialismo é cada vez mais executivo, como os dois sistemas não poderiam deixar de se aproximar? Não perdíamos por esperar: íamos ver a grande convergência executiva entre o Leste e o Oeste!

E vimos: não houve convergência alguma. Houve, no Leste, um sistema que periclitou, depois implodiu, e, no Oeste, um sistema que continuou a se desenvolver, mas no qual os acionistas logo lembraram aos executivos onde estava o verdadeiro poder: num país capitalista, o poder econômico está submetido ao haver, e não o contrário. Quanto à socialização do capital, ela ocorreu, pelos fundos de pensão, as caixas de aposentadoria, os fundos de investimento, os seguros de vida, etc. Alguns gostariam de ver nisso, ainda hoje, uma "apropriação coletiva dos meios de produção", que seria como que uma vitória póstuma e paradoxal, na Bolsa, de Marx[19]. Essa socialização é incontesta. Mas não levou a nenhum desaparecimento do capitalismo! Aliás, foi o contrário que se verificou: o capital é cada vez mais social, porém cada vez menos socialista! Por quê? Porque os jovens, muitas vezes competentíssimos e hones-

---

19. Ver Philippe Manière, *Marx à la corbeille. Quand les actionnaires font la révolution*, Stock, 1999.

tíssimos, que gerem os fundos de pensão ou de investimento, têm exigências de rentabilidade muito mais prementes do que o velho capitalismo familiar de papai! Numa empresa familiar, eu lembrava há pouco, a perenidade da empresa pode contar mais que o lucro. Se este último cai um pouco, não é uma catástrofe. Mas para o administrador de um fundo de investimento, a perenidade da empresa não é problema dele. Ele vende e compra milhares de ações todos os dias, em todos os mercados do mundo. Se ganha 12% na sua empresa, quando poderia ganhar 15% em outra, vai ser difícil você segurá-lo! Não que ele seja malvado ou necessariamente insensível. Ele faz o trabalho dele, é pago para isso, e seu trabalho, no caso, é maximizar o capital ou os rendimentos de milhões de aposentados (não só americanos) e de poupadores. Que isso pode levar a efeitos perversos, todo o mundo sabe. A mundialização também é uma financeirização (é uma coisa que Marx havia previsto, parece-me: supremacia crescente do capital financeiro sobre o capital industrial), e isso é prenhe de perigos. Pedir um "retorno de investimento" de pelo menos 15% a todas as nossas empresas não é razoável, a não ser maquiando as contas: vejam o caso Enron, o caso Andersen, o caso Vivendi... Devemos contar com a boa vontade dos nossos administradores? Eu não o faria! Mais vale um pé firme em certo número de salvaguardas, que podem passar por instâncias independentes (a COB*, etc.), mas que terão necessidade também, e cada vez mais, de limites jurídicos renovados, se possível em escala mundial.

Em suma, o acionariado, sob uma forma ou outra (cotado em Bolsa ou não, familiar ou não, estável ou não), conti-

---

* Commission des Opérations de Bourse, equivalente à nossa Comissão de Valores Mobiliários. (N. do T.)

nua sendo essencial na economia capitalista. Ele explica uma parte da sua eficácia – pela mobilização e a mobilidade dos capitais –, mas também de seus perigos, sobretudo para os mais pobres, os que não possuem nada, em todo caso, nenhum capital (os proletários, dizia Marx). Nem todo o mundo é acionista. Mas, mesmo que fosse, nem por isso teríamos saído do capitalismo, nem da necessidade de política!

Eu era alto executivo de uma multinacional. Três anos atrás quis voar com minhas próprias asas: criei minha empresa. Ora, nos últimos três anos trabalho muito mais e ganho bem menos do que quando era assalariado...

Isso, meu caro, é um problema seu, não meu! O senhor poderia ter igualmente entrado para um mosteiro, ido criar cabras na Córsega ou dado um tiro na cabeça: a essência do capitalismo não teria mudado em nada com isso! Quando digo que a geração de lucro é a finalidade dominante das nossas empresas, na escala dos grandes números, não suponho com isso que ela seria necessariamente a dos indivíduos que as fundam ou as dirigem. O senhor não é sua empresa. Pode ser que sua finalidade pessoal, como indivíduo, não fosse a riqueza: o senhor pode ter criado sua empresa por amor à independência, por amor à aventura ou ao poder, sei lá eu... A partir do momento em que o senhor é executivo e dono da empresa (admitindo-se que o senhor seja o único acionista), essa sua finalidade passa a ser a finalidade da sua empresa também. Mas, por um lado, nem por isso ela deixa de ter de gerar lucro para se desenvolver; e, por outro, isso não altera em nada a racionalidade imanente do sistema, nem a finalidade dominante, na escala do nosso país ou do planeta, das nossas empresas.

A coisa é ainda mais nítida no caso dos executivos assalariados. Admitamos que a finalidade da empresa em que trabalham seja, como na maioria dos casos, a geração de lucro. Isso não prova que quem a dirige não tenha, como indivíduo, outra finalidade que não seja o lucro. Espero que não seja o caso! Como eu disse de passagem há pouco: um indivíduo que põe o dinheiro acima de tudo é o que chamamos de um pobre coitado. A lógica dos primados, que é a da empresa, não anula a hierarquia das primazias, que vale para o indivíduo.

Por fim, digo-lhe que três anos é pouco. O senhor teria criado sua empresa se estivesse persuadido de ganhar definitivamente menos do que como assalariado?

Talvez não. Mas assumi um risco...

É o espírito do capitalismo, de que vem uma parte da sua eficácia. Mas não façamos disso uma justificativa moral. Investir não é nem uma vergonha nem uma virtude. É um risco calculado. O mercado não é nem um cassino nem um longo rio tranqüilo. Ora é ele, no fim das contas, que dá a última palavra.

Tem outra coisa. Que o senhor assumiu um risco, não contesto. Mas o senhor acha que os assalariados, nos dias de hoje, não assumem nenhum? A vida, inclusive a vida econômica, é perigosa, cruel, injusta. Não são os mais virtuosos que ganham, são os mais eficientes... ou os mais sortudos. O que não é um motivo para renunciar à virtude, nem à eficiência.

A especulação na Bolsa não é imoral?

"Especulação na Bolsa", eu me pergunto se não é um pleonasmo... Alguns investem a longo prazo, outros praticam um entra-e-sai quase cotidiano... Mas sempre se trata de especular na alta (ou, às vezes, na baixa) desta ou daquela ação! Que é amoral, está mais do que claro. Mas por que seria imoral? É uma aplicação como outra qualquer, simplesmente mais arriscada e rentável (em princípio e a longo prazo) do que a maioria... A verdadeira questão é saber se a Bolsa é útil para a economia. Interroguem os especialistas. Mas não conheço nenhum que peça a sua supressão...

Quando a Bolsa sobe muito, alguns gritam que é um escândalo: denunciam os que "enriquecem dormindo". Quando ela cai espetacularmente, outros, às vezes os mesmos, protestam contra os "bilhões que viraram fumaça": "isso prova que o capitalismo não funciona, que é irracional, destruidor...", dizem. O que eles queriam? Que o índice da Bolsa cresça todos os anos 2 a 4%? Esse gênero de aplicação existe, mas não na Bolsa: é a chamada caderneta de poupança.

Sejamos sérios. A função da Bolsa é reunir capitais. Toda economia capitalista necessita disso. O que não impede a volatilidade, a "exuberância irracional dos mercados", os craques, as evoluções erráticas das cotações, nem, às vezes, os delitos de iniciados ou os escândalos. O que não impede, e isso é mais grave, pressões muitas vezes insuportáveis sobre as empresas, pressões que podem se revelar socialmente desastrosas, sem ser sempre economicamente justificadas. Sim, tudo isso existe, e requer nossa vigilância. Mas se a Bolsa for suprimida, onde encontrar os capitais necessários para os investimentos, logo para o crescimento?

Muitas vezes consideram a Bolsa irracional. É um erro. Na Bolsa, como em qualquer outra parte, tudo é racional – o que não significa, longe disso, que tudo seja razoável! A psicologia, os fantasmas, os rumores, as crises de pânico, tudo isso não é menos racional do que o resto. Simplesmente, é mais difícil de prever e de controlar. A Bolsa, se vocês me permitem novamente a analogia, é como a meteorologia: tudo nela é racional, nada é previsível (salvo a curto prazo). Tudo nela se explica, mas apenas *a posteriori*. É o que torna a coisa interessante (em todos os sentidos do termo) e arriscada... É um sistema caótico, no sentido que os físicos dão a essa palavra; o que não o impede de ser eficaz.

E os fundos de pensão?

Não é propriamente um assunto meu... Espanta-me simplesmente que certas pessoas façam deles uma espécie de tabu. É uma questão de eficácia, não de teologia! Se os fundos de pensão podem nos ajudar a financiar nossas aposentadorias, por que não? Se podem evitar que nossas grandes empresas sejam compradas por capitais anglo-saxões, como ocorre com cada vez maior freqüência, por que não? Podem? Não sou eu quem saberá responder. Interroguem os especialistas!

Se não há, ou não há mais, alternativa ao capitalismo, isso não significa que chegamos, como diz Fukuyama, ao fim da história?

Claro que não! A idéia de fim da história não é, em si, absurda. O dia em que a humanidade desaparecer, o que pode acontecer (o que, aliás, acontecerá necessariamente: num tempo infinito, todo o possível acabará se realizando; ora o desaparecimento da humanidade é certamente possível...), nesse dia, então, será o fim da história, no sentido próprio. Mas é o único fim da história que me parece digno de ser considerado: não chegamos lá, ainda bem! Em compensação, falar de um "fim da história" antes do fim da humanidade parece-me improcedente. A noção, bem antes de Fukuyama, vem de Hegel. Mas, nesse gênio imenso, ela é solidária de uma concepção finalista da história: como a história, desde o seu início, tem um fim (no sentido da finalidade: um objetivo, um sentido), ela pode alcançá-lo. O fim da história não é quando não acontece mais nada, o que é evidentemente impossível, é tudo o que acontece depois que o objetivo (por exemplo, o Estado prussiano, em Hegel, ou a democracia liberal, em Fukuyama) é alcançado. Mas o caso é que não acredito nem um pouco que a história seja finalizada! Como Espinosa, só conheço causas eficientes. Por conseguinte, se a história não tem fim (não tem objetivo), está fora de cogitação que ele seja alcançado: a noção de fim da história deixa de ter sentido.

De resto, mesmo numa acepção mais corriqueira, a noção de "fim da história" não tem pertinência. Ninguém sabe em que mundo viverão nossos bisnetos. Numa democracia ou numa ditadura? Na abundância ou na penúria? Num país independente ou num país subjugado? Na paz ou na guerra? Numa economia capitalista? Coletivista? Num outro sistema? Não dá para saber. A história continua, e continua sendo o que sempre foi: imprevisível, perigosa, apaixonante. Crer que alcançamos o fim da história é tranqüilizar-se ou fechar os olhos fácil demais!

Tenho certa dificuldade em compreender a diferença que o senhor faz entre a moral e a ética. O amor não é moral?

Não, pois não se ordena o amor! Kant disse: "O amor é uma questão de *sentimento* e não de *vontade*; não posso amar porque *quero*, menos ainda porque *tenho de*; daí decorre que *ter de amar* é um contra-senso."[20] Se sua mulher não o ama mais, que sentido haveria em dizer a ela: "Você *tem de* me amar"? Não se ordena o amor. Ora, a moral é o conjunto dos mandamentos incondicionais que você se impõe a si mesmo, ou que você considera que se impõem, ou deveriam se impor, universalmente (é o que Kant chama de "imperativo categórico"). Portanto o amor se situa além da moral. É o espírito dos Evangelhos, dizia eu na minha exposição, como Santo Agostinho resumiu genialmente: "Ame e faça o que quiser." Nesse sentido, não há moral evangélica; só há uma ética evangélica.

Isso não significa evidentemente que seja imoral amar. O amor vai bem mais longe que a moral, mas não a anula, não a viola: ele a prolonga. Não a abole: ele a consuma.

Tomemos um exemplo. O senhor vê uma jovem mãe de família dando de mamar ao seu recém-nascido. Pergunta a ela: "Por que você dá de mamar a esta criança?" Imaginemos que ela responda: "Por razões morais; considero que é meu dever." O senhor pensaria consigo: "Pobre mãe, pobre criança!" No entanto é mesmo um dever dela alimentar seu filho. Mas a verdade é que ela a alimenta por amor, e que é muito melhor assim, tanto para ela como para a criança.

E existe expressão mais atroz que a de "dever conjugal"? Quando o amor existe, não é mais preciso moral. O amor basta e é melhor que ela.

---

20. *Doctrine de la vertu*, introd., XII, c, "De l'amour des hommes", pp. 73-4 da trad. Philonenko, Vrin, 1968. Grifos de Kant.

Só necessitamos de moral por falta de amor. É por isso que necessitamos terrivelmente dela – porque o amor, no mais das vezes, não está presente.

O que nos diz a moral? Não nos diz para amar (não se ordena o amor), mas para agir *como* se amássemos (pode-se ordenar uma ação). É o que Kant chama de amor prático[21] (*práxis*, em grego, é a ação). A moral é um semblante de amor. O ideal seria, claro, amar de verdade o próximo. Mas é nos pedir demais. De amor, somos tão pouco e tão mal capazes! Resta então agir *como se* amássemos... É a própria moral.

Por exemplo, quando amamos, damos. O amor é generoso, diz-se... Sim. Mas quando damos por amor, não é generosidade, é amor. Quando cobrimos nossos filhos de presentes no Natal, não nos dizemos: "Como sou generoso!" Dizemos: "Como amo meus filhos!" Eventualmente: "Como sou bobo!", mas não: "Como sou generoso!" O amor dá, mas quando damos por amor não é generosidade. Isso desemboca numa definição da generosidade (como virtude propriamente moral) que acho tremendamente esclarecedora: ser generoso é dar a quem não amamos. Por exemplo, dar de comer a quem tem fome; dar dinheiro a quem está na miséria...

Muito bem. Mas onde vamos parar? Se dou a todos os pobres, o que vai sobrar para mim? Amor, é nos pedir demais. Mas moral também! Dar a quem não amo? Nem pensar, ou o menos possível! Então, como fazer? Inventamos o direito, para as relações objetivas, e a polidez, para as relações subjetivas. Na falta de ser generoso, pelo menos respeite a propriedade alheia. Na falta de respeitar o outro, pelo menos simule: diga-lhe "Desculpe", se esbarra nele,

---

21. *Critique de la raison pratique*, "Des mobiles de la raison pure pratique", *op. cit.*, p. 87.

"Por favor", se lhe pede alguma coisa, "Obrigado", se ele te dá. É imitar o respeito e a gratidão que nos faltam. É imitar a moral, na ausência dela.

O direito e a polidez imitam a moral (ser polido e respeitar a legalidade é agir como se fôssemos virtuosos); a moral imita o amor (ser moral é agir como se amássemos). Vocês vão me perguntar: "Mas, então, quando é que a gente pára de simular?" Em duas situações, talvez somente duas mesmo: quando agimos por amor, é o que chamo de ética, ou quando renunciamos a simular, é o que chamo de barbárie.

Note que uma sociedade em que todo o mundo respeitaria rigorosamente o direito e a polidez seria uma sociedade agradabilíssima para se viver. Mas lhe faltaria o essencial, que é o amor, e sua imitação mais próxima, que é a moral. A concupiscência deu lugar a um "regulamento admirável", escreve Pascal, e como que a um "quadro da caridade".[22] Mas não passa de um quadro – de uma imitação. A sociedade, se todo o mundo respeitasse o direito e a polidez, funcionaria muito bem. Mas mesmo assim seríamos uns condenados, diria Pascal. Digamos que mesmo assim estaríamos perdidos. Não é o direito nem a polidez que salvam, nem mesmo a moral; é o amor. Nisso, remeto a Espinosa. Ele, que, como eu, também não era cristão, tem esta fórmula, a propósito de Jesus Cristo: "Ele libertou seus discípulos da servidão da lei, e no entanto confirmou-a e inscreveu-a para sempre no fundo dos corações."[23] Cristo não veio para abolir, mas para consumar. Ele não nos diz que a lei perdeu todo valor. Ele nos diz, ao contrário: "O que você fazia antes por dever (por respeito à lei moral),

---

22. *Pensamentos*, 118-402.
23. *Traité théologico-politique*, cap. 4, p. 93 da trad. Appuhn, GF-Flammarion, 1965.

faça doravante por amor." Tanto melhor para os que conseguem. Parece-me que não são muito numerosos. Para os outros, resta a lei moral. E para os que não conseguem ser morais (todos nós, na maioria das vezes), resta a lei da Cidade (o direito). A ética é melhor que a moral. A moral é melhor que o direito. Mas a moral é mais necessária que o amor, e o direito é mais realista que a moral. Se não somos capazes de viver à altura do Novo Testamento, respeitemos pelo menos o Antigo.

Mas que diferença, então, entre as ordens n.ºs 4 e 5, entre a ética e a religião? O Deus em que creio é um Deus de amor. A ética e a religião, aqui, se confundem!

Pode ser, para os que têm fé e conseguem viver à altura dela. Do meu ponto de vista de ateu, não é assim, claro. O amor é Deus? Para que seja, o amor teria de ser infinito, imortal, onipotente... Não é a experiência que tenho dele: só conheci amores limitados, fracos, mortais... Que seja possível amar até a morte, disso estou convencido. Mas amar além dela? Digamos que é uma fé que não tenho...

O senhor falou, no início da sua exposição, da questão do sentido como essencial à vida espiritual... Depois não disse mais nada. Se não há Deus, se não há sobrenatural (não há ordem n.º 5), como pensar o sentido e a espiritualidade?

Sua pergunta justificaria outra conferência só para respondê-la... Mas vou tentar dar algumas pistas.

Como se sabe, a própria palavra "sentido" é usada em dois sentidos: como significado (o sentido de uma frase) e como direção ou finalidade (o sentido de um rio, o sentido de um ato). Nessas duas acepções, o sentido sempre remete a outra coisa que não ele próprio: o sentido de uma palavra não é essa palavra; o sentido de um ato não é esse ato. Por exemplo, vocês pegam a auto-estrada do Sul no sentido Paris-Marselha: Marselha é o sentido da viagem. Vocês poderiam perfeitamente chegar em Marselha partindo de Tanger, Pequim ou Nova York. Marselha pode fazer sentido em todos os pontos do globo. Todos? Não. Há um, e só um, em que Marselha não faz sentido. É Marselha mesma: quando a gente está em Marselha não pode ir para lá! O sentido nunca está ali. Ele não está onde estamos, mas aonde vamos. É o que chamei de estrutura *diastática* do sentido: ele remete sempre a outra coisa que não ele próprio[24]. O sentido está sempre em outra parte, e nós estamos sempre aqui. Só há sentido do outro, e realidade do mesmo (pois todo real está submetido ao princípio de identidade, que não é um princípio mas o próprio real). Não é esse um motivo para renunciar ao sentido. Mas é motivo para renunciar a possuí-lo, como se possuiria um capital, ou para se instalar nele, como se senta numa poltrona.

Só há sentido do outro. É por isso que o sentido do trabalho, para voltar ao nosso debate de agora há pouco, deve ser outra coisa que o trabalho (o dinheiro, o descanso, a justiça, a liberdade...). Mas, aplicado às nossas quatro ordens, o que isso quer dizer? Quer dizer que o sentido de uma ordem não é essa ordem. Isso nos remete ao que eu chamava, na minha conclusão, de as duas hierarquias cruzadas, uma ascendente, a outra descendente. Alguns poderiam pretender que o sentido do amor é a moral (que o

---

24. Ver o que eu escrevia no meu livro *Viver, op. cit.*, cap. II ("Os labirintos do sentido"), especialmente na seção 2. Ver também *A sabedoria dos modernos, op. cit.*, cap. V.

amor, por exemplo no casal, está a serviço do dever), que o sentido da moral é a política (que a moral está a serviço do Estado), que o sentido da política, enfim, é a economia (que o Estado está a serviço do mercado ou das empresas). Esse sentido que desce, o sentido da gravidade, nos arrasta necessariamente para baixo: para a barbárie, ainda que seja a barbárie familiar (a "ordem moral"), democrática e liberal. É o que se trata de recusar. O sentido, numa sociedade laica, só vale para e pelos indivíduos: ele deve estar submetido à hierarquia ascendente das primazias, não à hierarquia descendente dos primados. O que não quer dizer, é claro, que os primados cessem com isso de agir! É o reino das causas, sem o qual nada pode existir. Mas o sentido pertence ao reino dos fins, sem o qual nada pode nos satisfazer.

Concretamente, isso significa que cada ordem produz as condições de possibilidade da ordem imediatamente superior e dá sentido à ordem imediatamente inferior. Por exemplo, a política sem a economia é impossível: se não há riquezas produzidas, não haverá nem Estado, nem direito, nem redistribuição. A economia sem a política, inversamente, talvez seja possível, mas não tem sentido. Se só se trata de fazer grana por fazer grana, para quê?

Mesma coisa para as ordens n.ºs 2 e 3. A moral sem a política é impossível: não há moral no estado de natureza. A política sem a moral? É possível, mas não tem sentido. Se se tratar apenas de tomar o poder por tomar o poder, para quê?

Mesma coisa, enfim, para as ordens n.ºs 3 e 4. O amor sem a moral é impossível. É o que mostra Freud: se não há interditos (notadamente a proibição do incesto), não há amor; só há pulsões. Mas a moral sem o amor? Talvez seja possível, mas não tem sentido. Imagine que seu filho ou filha adolescente pergunte: "Pai, mãe, qual é o sentido da vida?" Vocês por acaso responderiam: "O sentido da vida é cumprir com o seu dever!"? Adeus sentido da vida! O dever, em si mesmo, não tem sentido (ele não visa nenhum fim, dizia Kant). Não é a moral que dá sentido à vida, é o amor! É o que devemos ensinar aos nossos filhos. A vida só vale a pena ser vivida à medida do amor que nela encontramos ou colocamos. É a grande lição de Espinosa: não é porque uma coisa é boa que a desejamos; ao contrário, é porque a desejamos que a consideramos boa[25]. Não é porque a vida tem um sentido que nós a amamos; é na medida em que nós a amamos que nossa vida adquire sentido.

Um crente poderá, é claro, prolongar essa hierarquia ascendente até Deus. Mas nem por isso um ateu é obrigado a renunciar ao sentido ou a espiritualidade: o amor lhe basta. Vocês vão me dizer que, por conseguinte, o amor, considerado em si, não tem sentido. Eu até que concordaria: ninguém ama *para* alguma coisa. Mas, por um lado, o amor nunca existe apenas em si mesmo (já que ele é amor ao seu objeto); e, por outro, ele é criador de sentido. Ninguém ama *para* alguma coisa. Mas, quando a gente ama, a gente vive *para* o que ama. Nesse sentido, o amor é menos *finalizado* do que *finalizante* (ou só é finalizado, voltado para o seu objeto, porque é, antes disso, finalizante). Ele não tem objetivo, mas cria um. Poesia do amor (*poièsis*, em grego, é a criação). O sentido não existe; ele está por fazer. Vejam nossos filhos... É por terem sentido que os amamos? Claro que não. É por amá-los que nossa vida adquire um sentido. Todo amor, considerado em si, é insensato; mas não há sentido sem amor. Para isso não é preciso um Deus! Não é necessária uma ordem nº 5! Não é

---

25. *Ética*, III, escólio da prop. 9. Ver também o escólio da prop. 39. É o que funda o relativismo espinosista, ao mesmo tempo que rejeita todo e qualquer niilismo. Já me expliquei longamente a esse respeito em *Valeur et vérité, op. cit.*

porque o amor tem sentido que amamos; é porque amamos que nossa vida adquire sentido. Não é o sentido que é amável; é o amor que faz sentido.

Tomem cuidado, entretanto, e vou concluir com isso, de não cair no angelismo. O amor faz sentido, mas não faz as vezes nem de riqueza, nem de justiça, nem mesmo (salvo talvez no caso do sábio) de moral! E não caiamos tampouco na barbárie. A economia é determinante; mas ela não faz as vezes nem de Estado, nem de respeito, nem de espiritualidade. Todas essas quatro ordens são necessárias, insisto, e é preciso tomá-las nos dois sentidos: segundo o encadeamento descendente dos primados, sem o qual nada é possível, e segundo a hierarquia ascendente das primazias, sem a qual nada tem sentido. É o que os angélicos e os bárbaros nunca poderão compreender. É o que os leigos nunca devem esquecer. A economia não é moral; a moral não é rentável. O que não é uma razão para renunciar a uma ou a outra! É uma razão ao contrário, e bem forte, para zelar por ambas e para conceder ao direito e à política, entre uma e outra, todos os cuidados que requerem. Somente a ordem n° 2 pode permitir que os valores morais dos indivíduos influam, pelo menos um pouco, na realidade econômica. Porque, enfim, é preciso agir, e só podemos fazê-lo eficazmente juntos (sim, ao mesmo tempo "todos juntos" e uns contra os outros: é o que se chama política) e de acordo com as leis.

E o Estado-providência? Não é ele o responsável pelo declínio da França?

O Estado-providência é o melhor sonho que podemos ter. Mas não será um sonho bonito demais para ser verdadeiro? Eu falaria em vez disso de um Estado eficaz, justo e responsável. Como eu dizia na minha exposição: quanto mais se é lúcido sobre a economia e a moral (sobre a força da economia, sobre a fraqueza da moral), mais se é exigente sobre o direito e a política. Mas não se deve confundir essa *exigência*, que vale também e antes de mais nada para cada um de nós (como cidadão), com uma perpétua recriminação contra o Estado ou contra os que o dirigem. Seria fácil demais! O Estado-providência é sensacional, quando se tem os meios para mantê-lo. Mas o Estado válvula de escape e álibi já está passando dos limites! Jean-Louis Syren, numa das suas conferências, contava a seguinte história, que ele jura que é autêntica. O cenário é a universidade de Borgonha, no departamento de economia. Eis como ele próprio conta a coisa:

"Uma aluna, interrogada durante os trabalhos dirigidos sobre a aula da manhã, era incapaz de se lembrar o que era o modelo de concorrência perfeita. Resolvemos recomeçar da estaca zero com um exemplo simples. 'Você é uma pequena criadora de gado no Morvan, onde sobrevive – isso foi antes das subvenções por pastagem, por hectare, etc. Seus vizinhos estão no mesmo caso. Mas um deles começa a plantar batatas e, seis meses depois, compra um carro de luxo, reforma a casa, faz uma piscina, etc.' Pergunta feita à aluna: 'O que você faz?'

Onde se esperaria naturalmente um 'passo a plantar batatas também', obtenho um desconcertante:

– PROTESTO!

– Ué, por quê?

– É sempre a mesma coisa: uns têm de mais e outros de menos!"

Pois é, sempre se pode protestar, reclamar, pôr a boca no trombone... Às vezes é legítimo. Muitas vezes é necessário. Mas não basta para enfrentar tudo. Não substitui a economia (antes de repartir a riqueza nacional, lembra

Jean-Louis Syren, é preciso produzi-la). E, como política, é muito pouco. Que o Estado zele pela justiça, a liberdade, a proteção dos mais fracos, é sua função. O que, no entanto, não poderia dispensar os indivíduos de fazer, o melhor que puderem, o que depende deles. Não contemos com o Estado para resolver todos os nossos problemas. A dependência é uma desgraça. A assistência, um mal menor. Não façamos disso uma panacéia! Tanto mais que os meios do Estado também são limitados. A dívida pública quase duplicou, em nosso país, entre 1995 e 2003. Anunciam-nos que ela superará, em 2004, 1 trilhão de euros, o que daria cerca de 40 mil euros por francês ativo! Já seria muito pesado para nossos filhos. Não é possível lhes impor mais! Ou não é mais solidariedade transgeracional, e sim egoísmo. Não é mais justiça, e sim injustiça ou cegueira.

Não vamos dar razão a Frédéric Bastiat, que não via no Estado mais que "uma grande ficção social, através da qual cada um de nós tenta viver à custa de todos os outros".[26] A sorte da nação, numa democracia, está a cargo dos cidadãos: são eles, em primeiro lugar, os responsáveis, inclusive pelos dirigentes que elegeram. O "declínio" da França[27] não é inelutável. Também não é impossível. Cabe a nós saber se queremos agir ou suportar passivamente, fazer a história ou esperar, lentamente, que ela nos desfaça... Em política não há fatalidade, mas tampouco há cobertura integral para todos os sinistros. Em suma, a história continua, apesar de Hegel, apesar de Fukuyama, e é uma história aberta. O pior nunca é certo. O melhor nunca é

---

26. Frédéric Bastiat (1801-1850), *Ce qu'on voit et ce qu'on ne voit pas*, Éd. Romillat, 1994, reed. 2001. Bastiat é um dos gurus (passavelmente esquecido na França, mas muito lido nos Estados Unidos) do ultraliberalismo.
27. Essa expressão foi recentemente popularizada por Nicolas Baverez, num livro ao mesmo tempo inquietante e estimulante: *La France qui tombe*, Perrin, 2003 (ver em particular o cap. 3, "De la crise au déclin").

garantido. É uma boa razão para agir! A política não existe para fazer a felicidade dos homens. Ela existe para combater a infelicidade – e somente ela, na escala de um país ou do mundo, pode fazê-lo eficazmente. Não há Providência, nem mesmo a do Estado. Não há tampouco fatalidade. Há tão-somente a história fazendo-se. Há tão-somente a ação. O apoliticismo não é apenas um erro; é uma falta.

Chegamos ao fim deste encontro... Vejo que o pensamento que lhes propus não é satisfatório. Todos nós preferiríamos que a economia fosse moral e que a moral fosse rentável. Seria tão mais cômodo! Seria tão mais agradável! Mas o fato de um pensamento ser insatisfatório não prova que seja falso. Vejo nisso até, na falta de uma confirmação, uma espécie de incentivo. Reconheço nisso algo da dureza do real, da sua complexidade, da sua dificuldade... "O mundo não é um berçário", dizia Freud. E o que é um berçário? Um lugar em que tudo é feito para o prazer das crianças, para seu conforto, para sua segurança... Estamos longe disso! É que não somos mais crianças. É que o mundo não existe para nosso prazer. É porque podemos – e devemos – transformá-lo. Mas antes disso é preciso pensá-lo como ele é, sem jogar poeira em nossos próprios olhos. O real não costuma ser satisfatório. Por que um pensamento verdadeiro seria? É o que eu chamava há pouco de o *trágico*, no sentido filosófico do termo – não no sentido da tristeza ou do drama, mas para designar um pensamento que não esquiva o que o real tem de fato de insatisfatório, um pensamento que não inventa falsas soluções, um pensamento que não está aí para consolar nem tranqüilizar, um pensamento que não tem nada mais a propor, definitivamente, além da lucidez e da coragem. Por que a verdade deveria nos satisfazer? Por que o futuro seria destinado ao repouso, ao conforto, à satisfação? Não é apenas um início (ao contrário do que dizíamos em 1968), mas o combate continua, e não cessará.

Se a ética fosse fonte de lucro, seria formidável: não seria mais preciso trabalhar, não seriam mais necessárias empresas, não seria mais necessário o capitalismo – os bons sentimentos bastariam. Se a economia fosse moral, seria formidável: não haveria mais necessidade nem de Estado, nem de virtude – bastaria o mercado. Mas não é assim. Cabe a nós tirar as conseqüências disso. É porque a economia (notadamente a economia capitalista) não é moral nem a moral rentável – distinção das ordens – que necessitamos das duas. E é porque nenhuma das duas bastam que todos nós necessitamos de política!

Agradecimentos

Meus agradecimentos, em primeiro, lugar para os que ouviram esta conferência, de uma forma ou de outra, e que a alimentaram com suas perguntas e objeções. Mas faço questão também de agradecer aos amigos que se dispuseram a ler o manuscrito e comunicar-me suas observações: Laurent Bove, Monique Canto-Sperber, Richard Ducousset, Jean-Pierre Dupuy, Jacqueline Lalouette, Jean Prieur, Patrick Renou, Jean-Louis Servan-Schreiber, Jean-Louis Syren, Isabelle Vervey e Sylvie Thybert. Este livro muito deve a eles. É claro que, apesar disso, não se poderia imputar a eles as teses que o livro enuncia, nem as imperfeições que comporta. Sou o único responsável por estas e aquelas.